LANGER

POLNISCHE LITERATURGESCHICHTE

DIETGER LANGER

POLNISCHE LITERATURGESCHICHTE

EIN ABRISS

WILHELM FINK

Bibliographische Information der Deutschen Nationalbibliothek

Die Deutsche Nationalbibliothek verzeichnet diese Publikation in der Deutschen Nationalbibliografie; detaillierte bibliografische Daten sind im Internet über http://dnb.d-nb.de abrufbar.

Alle Rechte, auch die des auszugsweisen Nachdrucks, der fotomechanischen Wiedergabe und der Übersetzung, vorbehalten. Dies betrifft auch die Vervielfältigung und Übertragung einzelner Textabschnitte, Zeichnungen oder Bilder durch alle Verfahren wie Speicherung und Übertragung auf Papier, Transparente, Filme, Bänder, Platten und andere Medien, soweit es nicht §§ 53 und 54 UrhG ausdrücklich gestatten.

© 2010 Wilhelm Fink Verlag, München
(Wilhelm Fink GmbH & Co. Verlags-KG, Jühenplatz 1, D-33098 Paderborn)

Internet: www.fink.de

Einbandgestaltung: Evelyn Ziegler, München
Printed in Germany
Herstellung: Ferdinand Schöningh GmbH & Co. KG, Paderborn

ISBN 978-3-7705-4805-7

INHALT

Vorwort 9

EINFÜHRUNG

1. Die Entstehung der polnischen Schriftsprache 11
2. Zur Aussprache des Polnischen 12

MITTELALTER

1. Die Kultur des polnischen Mittelalters 15
2. Die Chroniken 17
3. Das religiöse Schrifttum 19

RENAISSANCE

1. Die Kultur des „goldenen Zeitalters" 23
2. Die Chroniken und die höfische Dichtung 26
3. Das literarische Werk Mikołaj Rejs 28
4. Die Dichtung Jan Kochanowskis 31
5 Die Literatur des Bürgertums 33
6. Das Theater 36
7. Die Sprache 40

BAROCK

1. Die Kultur der polnischen Barockzeit 43
2. Die polnische und lateinische Lyrik 47
3. Das historische Epos 50

4. Die politisch-soziale Satire 54
5. Das Theater 58
6. Die Sprache 60

KLASSIZISMUS

1. Die Kulturpolitik zur Zeit Stanisław Augusts 63
2. Die aufklärerische Hofdichtung 66
3. Der Sentimentalismus 70
4. Die Epigonendichtung.. 72
5. Das Theater 74
6. Die Sprache 76

ROMANTIK

1. Der Polnische Messianismus... 79
2. Die Vertreter der „Ukrainischen Schule".............................. 80
3. Adam Mickiewicz 82
4. J. Słowacki, Z. Krasiński, C.K. Norwid 87
5. Der historische Roman 94
6. Das Theater 96
7. Die Sprache 99

POSITIVISMUS

1. Die Publizistik 101
2. Der realistische Roman 102
3. Die Novellistik 108
4. Die Versdichtung 111
5. Der Naturalismus... 114
6. Das Theater 116
7. Die Sprache 117

Junges Polen

1. Die literarischen Manifeste 119
2. Die Lyrik 121
3. Der Roman 125
4. Das Theater... 128
5. Die Sprache 132

Literatur der Zwischenkriegszeit

1. Die literarischen Gruppierungen 133
2. Die Lyrik 135
3. Die Prosa 141
4. Das Theater 144
5. Die Sprache 147

Literatur nach 1945... 149
Literaturhinweise.. 171
Autorenregister 173

VORWORT

Der vorliegende Abriss der polnischen Literaturgeschichte bietet dem Leser einen Überblick über eine reiche Literatur, die von ihren Anfängen bis in die jüngste Gegenwart unter dem Aspekt der kulturellen Bindungen an Westeuropa zu betrachten ist.
    Dieses Buch widme ich meiner Tochter Vera. Bedanken möchte ich mich bei Frau Alicja Rymarz, M.A. und Marina Jordanowa-Etteldorf, M.A., die sich der technischen und redaktionellen Seite der Druckvorbereitung des Manuskriptes angenommen haben.
    Das Anliegen des Verfassers ist es, mit dieser populär-wissenschaftlichen Orientierungshilfe, einen Beitrag zur Verbreitung der Kenntnis über die polnische Kulturgeschichte in der Bundesrepublik Deutschland zu leisten.

Offenbach, im Mai 2010   DER VERFASSER

EINFÜHRUNG

1. Die Entstehung der polnischen Schriftsprache

Die Entstehung des slavischen Schrifttums fällt mit der Slavenmission der beiden Brüder des Gelehrten Konstantin (später unter dem Mönchsnamen Cyrill bekannt) und des Mönchs Methodios zusammen und lässt sich auf das Jahr 863 festlegen.
Die Sprache, in der die Schriftdenkmäler von der Mitte des 9. Jh. bis etwa 1100 verfasst wurden, wird wegen ihres Verwendungszweckes und ihres religiösen Inhalts das *Altkirchenslawische* genannt.
Während die altkirchenslawische Tradition ihre Fortsetzung in Mähren, Böhmen und z.T. in der Slowakei, vor allem aber in Bulgarien, Serbien und Russland gefunden hatte, wurden in Polen entsprechende Spuren wegen der raschen, das großpolnische Kerngebiet umfassenden Staatsbildung unter Ziemowit und Mieszko und durch die Annahme des Christentums (966) lateinischen Ritus beseitigt.
In der anhaltenden Diskussion um die Entstehung der polnischen Schriftsprache stehen sich zwei Theorien gegenüber: die sog. „großpolnische", deren Anhänger der Überzeugung sind, dass sich die Schriftsprache vor der Verlagerung des politischen kulturellen Zentrums von Groß- nach Kleinpolen entwickelte und die sog. „kleinpolnische", deren Vertreter die Entstehung der Schriftsprache in Kleinpolen, namentlich in Krakau, zu lokalisieren versuchen.
Zwar wird von beiden Seiten die Existenz eines „Kulturdialekts", d.h. einer überregionalen sprachlichen Norm als einer Vorstufe der Schriftsprache angenommen; doch die Zeit seiner Entstehung und seine Funktion sind nach wie vor strittig. Während die „Großpolen" glauben, dass der aus mehreren Dialekten hervorgegangene „Kulturdialekt" schon im 11. Jh. bestanden habe und als Hofsprache verwandt worden sei, verlegen die „Kleinpolen" die Zeit seiner Entstehung in das 13./14. Jh. Außerdem nehmen sie an, dass ihm nur der kleinpolnische Dialekt zugrunde liege und, dass er in der Funktion einer Kirchenhilfssprache gebraucht wor-

den sei. Auch über den Zeitraum, in dem sich der Kulturdialekt verbreitete, gibt es divergierende Meinungen. Halten die einen am 16. Jh. fest, sehen die anderen einen stufenartigen Vorgang der Popularisierung des „Kulturdialekts" an den Höfen von Fürsten und Bischöfen (12. Jh.) und beim Adel (vom 15. bis 16. Jh.) als verbindlich an.

Die Entstehung der Schriftsprache selbst wird ebenfalls unterschiedlich beurteilt. Gilt für die „Kleinpolen" die zweite Hälfte des 16. Jh. als die Entstehungszeit, so sind ihre Gegner der Überzeugung, dass der Entstehungsprozess sich bereits im 14./15. Jh. vollzog.

Beide Seiten leugnen nicht den Einfluss des Tschechischen bei der Formung der Schriftsprache. In diesem Zusammenhang wird auch auf die sprachliche Einwirkung des polonisierten, deutschen Bürgertums in Krakau, das sich weitgehend an der Posener Aussprache orientierte, hingewiesen.

2. Zur Aussprache des Polnischen

Die Vokale sind im Polnischen kurz und offen.

ą	– nasaliertes o, wie franz. mon
ę	– nasaliertes e, wie franz. fin
ó	– u
y	– dumpfes i
ie	– i + e, je, wie zensieren
eu	– e + u
ei	– e + i
ł	– entspricht etwa dem engl. w in what
ń und ni	– weiches n, wie franz. Champagne,
	– ital. Bologna
s	– stimmloses (ß), wie Kuss, Nuss
z	– stimmhaftes s, wie in Vase
st	– s + t
sz	– sch, entsprechende weiche Zischlautvariante: ś bzw. si
cz	– tsch, entsprechende weiche Zischlautvariante: ć bzw. ci
rz und ż	– stimmhaft wie franz. journal, entsprechende weiche Zischlautvariante: ź bzw. zi

Das Polnische hat eine feste Betonung. Sie liegt auf der vorletzten Silbe eines Wortes oder Namens.

MITTELALTER

1. Die Kultur des polnischen Mittelalters

Die von Böhmen aus durchgeführte Christianisierung des polnischen Landes bedeutete zugleich eine politische und kulturelle Bindung an Westeuropa, dabei begünstigten enge verwandtschaftliche Beziehungen zwischen den Herrscherhäusern der polnischen Piasten und der tschechischen Přemysliden diese Entwicklung. Zwar war die missionierende Geistlichkeit in Polen von Anfang an nicht nur tschechischer Herkunft, doch war ihr Anteil an der Übernahme lateinischer Lehnworte in tschechischer Form wie: *kościół* (Kirche), *kaplica* (Kapelle), *klasztor* (Kloster) usw. unverkennbar. Einen stärkeren tschechischen Einfluss, der sich vor allem im Wortschatz niederschlägt, erfuhr dann die polnische Sprache während des kurzen Zwischenspiels der Přemysliden auf dem polnischen Thron am Ende des 13. und zu Beginn des 14. Jh.

Von nachhaltiger Bedeutung für die polnische Kultur des Mittelalters aber war die Kenntnis der lateinischen Sprache, die die ersten Geistlichen nach Polen brachten. Dass sich das Lateinische nicht nur in den kirchlichen, sondern auch in den staatlichen Institutionen durchsetzte, bedingte die Zweisprachigkeit der polnischen Kultur für Jahrhunderte. Dadurch wurden freilich die Bindungen an Westeuropa noch verstärkt; für die Entfaltung einer eigenen polnischen Literatur war diese Tatsache jedoch hinderlich.

Da die Anpassung des lateinischen Alphabets an die Eigenarten der polnischen Sprache erst im 13. Jh. erfolgte, wurde die vorchristliche, mündliche Überlieferung verdrängt und geriet in Vergessenheit. Der nichtpolnische Klerus, der sich auch dem Landesausbau widmete, ließ diese Erscheinung ohnehin unbeachtet. Spuren dieser „vorliterarischen" Tradition lassen sich dann später noch in den Chroniken vorfinden.

Die Verselbständigung der polnischen Kirche, die bei der Bestattung des heiligen Adalbert (Vojtěch), eines tschechischen Prinzen, durch den „Akt von Gnesen" (1000) von Kaiser Otto III. vollzogen wurde, hatte den Ausbau der kirchlichen Organisation in ganz Polen zur Folge; dabei spielten neben den neu errichteten Bistümern die Klöster, die sich bald zu den Hauptzentren des kulturellen Lebens entwickelten, eine bedeutende Rolle. Zunächst waren es die Benediktiner, später in der Zeit deutscher Siedlung die Zisterzienser, die den Landesausbau förderten.

Die Berufung des Deutschen Ordens um 1225 durch Konrad von Masowien, die dann zu Errichtung des Ordensstaates in Preußen führte, schuf keine direkte Verbindung Polens zur Ritterkultur; es entwickelte sich alsbald eine machtpolitische Gegnerschaft zwischen den beiden Nachbarstaaten.

Die wechselvollen politischen Beziehungen Polens zum Reich während des Mittelalters störten die kulturellen Kontakte nicht. Besonders die Sachsen fungierten hier als Vermittler. Viele Kunsthandwerker und Baumeister deutscher Herkunft waren bei den polnischen Herrschern und den kirchlichen Institutionen beschäftigt, vor allem beim Bau von Kirchen und fürstlichen Residenzen, die seit dem 10. Jh. in Gnesen, Posen und Krakau aus Stein errichtet wurden und damit das Holz als Bau- und Konstruktionsmaterial z.T. ablösten.

In der Zeit der politischen Zersplitterung des Piastenstaates setzte seit dem Ende des 12. Jh. zunächst in Schlesien, dann aber auch in Groß- und Kleinpolen die Einwanderung deutscher Siedler ein. Die Einführung neuer, praktikablerer Wirtschafts-, Siedlungs- und Rechtsformen im Zuge dieser Siedlungsaktivität begründete eine rasche wirtschaftliche und kulturelle Blüte dieser Gebiete. Vor allem die Gründungsstädte wie Breslau, Posen und Krakau wurden bald wichtige wirtschaftspolitische und zugleich kulturelle Zentren.

Die wenigen romanischen Bauten des 12. Jh. wurden sehr rasch von den gotischen Kirchen Schlesiens, Groß und Kleinpolens mit ihren zahlreichen Fresken und holzgeschnitzten Altären in den Schatten gestellt. Im Zuge dieser Bautätigkeit, die bis in das 15. Jh. anhielt, fertigte Veit Stoß im Auftrage der Krakauer Bürgerschaft den Altar der Marienkirche (1489). Während dieser Zeit bürgen sich im Polnischen zahlreiche Lehnübertragungen aus dem Deutschen ein wie: *wójt* (Vogt), *sołtys* (Schultheiß), *burmistrz* (Burgmeister), *ratusz* (Rathaus), *rynek* (Ring), *Rada* (Rat), *ortel* (Urteil) usw. Obwohl Ritterepos und Minnesang in Polen unbekannt blieb, übte die deutsche Ritterterminologie auf den polnischen Wortschatz Einfluss aus, so z.B. *rycerz* (Ritter), *szlachta* (Geschlecht), *rynsztunek* (Rüstung), *pancerz* (Panzer), *szabla* (Säbel) usw.

Bald aber verlor das deutsche Bürgertum an Bedeutung. Noch vor der Assimilierung des mittelalterlichen Deutschtums erfolgte unter dem letzten Piasten Kasimir dem Großen um 1348 die Einbeziehung orthodoxer Bevölkerung in das polnische Reich. Das Zentrum des politischen und geistigen Lebens verlagerte sich währenddessen für zwei Jahrhunderte von Groß- nach Kleinpolen. Während der letzten Phase des Piasten-Staates wurde Krakau mit seinem selbstbewussten Bürgertum, dem Königs- und Bischofssitz und der im Jahre 1364 errichteten Universität zur Hauptstadt.

Die litauisch-polnische Union, die erstmals am Ende des 14. Jh. zustande kam, machte den Vielvölkerstaat der Jagiellonen im 15. Jh. zu einer Macht ersten Ranges, und Krakau mit der nun erneuerten Jagiellonen-Universität und den Bibliotheken zu einem bedeutenden Mittelpunkt der damaligen Wissenschaft, insbesondere der scholastischen Philosophie, der Mathematik und Astrologie. Gegen Ende des 15. Jh. studierte hier auch Nikolaus Copernicus, der zu den Schülern des damals berühmten Gelehrten Wojciech z Brudzewa zählte. Von großer Bedeutung war auch die Tätigkeit der Rechtsgelehrten, wie des Rektors der Krakauer Universität, Paweł z Włodkowic, der die Interessen Polens gegen den Deutschen Orden auf dem Konstanzer Konzil vertrat, oder des Magnaten Jan Ostroróg, der Ende des 15. Jh. ein beachtliches Traktat *Monumentum de Reipublicae ordinatione* veröffentlichte, das sich gegen die wirtschaftlich-politische Macht der Geistlichkeit richtete und als Reflex der Hussitenbewegung gewertet werden kann. Insgesamt aber blieb diese Bewegung ohne nennenswerten Einfluss auf Polen.

2. Die Chroniken

Die lateinisch geschriebenen Chroniken gehören zu den ältesten Schriftzeugnissen des polnischen Mittelalters. Die Chronik des Gall-Anonymus entstand zwischen 1112–1116 im Auftrag des Königs Bolesław III. Schiefmund. Der König — um seine Legitimierung bemüht — war darauf bedacht, aus der Tradition unter Hinweis auf die Namensverwandtschaft mit seinem großen Vorgänger, mit Bolesław dem Tapferen, eine Piastenideologie zu schaffen, die seinen Anspruch auf die Königswürde erhärten sollte. In dieser Absicht werden in der Chronik Analogien zwischen den

Taten der beiden Könige hergestellt. Ungeachtet der ideologischen Funktion dieses Werkes weist die Kompositions- und Erzähltechnik auf die umfassende literarische Bildung des Verfassers hin, dem sowohl die westeuropäische Ritterepik als auch die Chronographie bekannt waren. Der Autor war wahrscheinlich ein Benediktinermönch französischer Herkunft, der nur zur Abfassung der Chronik vermutlich aus Somogyvár (Ungarn) nach Polen gekommen ist. Die Bildhaftigkeit seiner Erzählkunst macht diese historische Quelle zugleich zu einem eigentümlichen literarischen Werk.

Erst ein ganzes Jahrhundert später entstand die Chronik eines Polen, des Magisters Wicenty Kadłubek. Das Werk des Krakauer Bischofs, das eher einem moralischen Traktat als einer Chronik entspricht, stellt die polnische Geschichte von ihren legendären Ursprüngen bis in das Jahr 1206 dar, wobei die drei Bände in Form eines Dialoges verfasst wurden. Kadłubek nahm in seine Chronik die mündliche Überlieferung auf, wie die Sagen von dem legendären Popiel, den die Mäuse fraßen, von Krak und Wanda, die lieber in den Tod ging, als einen Deutschen zu ehelichen. Das vierte Buch, das die Ereignisse der damaligen Gegenwart behandelt, ist in narrativer Form verfasst. Kadłubek bediente sich hier einer Prosa mit dem ornamentalen Stil, gemäß den damaligen Praktiken.

Anders als die Chronik Galls, die bald in Vergessenheit geriet, erfreute sich Kadłubeks Werk in Polen großer Popularität. An der Universität diente sie gar als Lehrbuch der Rhetorik. Die nun folgende Chronik von Großpolen, verfasst von dem Gnesener Kustos Godzisław Baszko aus dem 14. Jh., die die Geschichte Polens bis zum Jahre 1271 schildert, ist deshalb von literarischer Bedeutung, weil sie die Reihe der Sagen um die Erzählung von den drei Brüdern Lech, Tschech und Rus erweitert. Der Zeitgenosse Baszkos, der Krakauer Erzdiakon und Vizekanzler Janko z Czarnkowa (ca. 1320 – ca. 1387) hinterließ eine Chronik, die in sehr lebendigem und stark persönlich gefärbtem Ton die Begebenheiten der Herrschaftszeit des letzten Piasten Kasimir schildert.

Einen Höhepunkt der lateinischen Literatur in Polen stellen die Annalen von 1455 bis 1480 des Erzbischofs Jan Długosz (1415–1480) dar. Zwar spiegelt dieses Werk die Ansicht des Verfassers und die seines Lehrers, des bedeutendsten polnischen Politikers jener Zeit, des Kardinals Zbigniew Oleśnicki, dass den kirchlichen Interessen gegenüber denen des Staates Priorität zukomme; doch das bedeutet keinesfalls, dass der Erzbischof Długosz die patriotische Komponente vernachlässigte. Ähnlich wie Gallus-Anonymus sah auch er in der Darstellung geschichtlicher Vorgänge ein Mittel zur Glorifizierung des Landes. Długosz stützt sich auf sorgfältige Vorstudien, Archivdokumente und Chroniken seiner Vorgänger sowie eigene Beobachtungen und Erfahrungen. Lücken in der Chronologie der Ereignisse gleicht er durch Analogie aus. Dieses Werk kann als die formal und sachlich geschlossenste Chronik der polnischen Geschichte bis in die Jagiellonenzeit hinein bezeichnet werden.

Bemerkenswert ist, dass man diese Chronik in Polen erst im 17. Jh. veröffentlichte. Nach dem Erscheinen des ersten Bandes wurde jedoch aus politischen Gründen die weitere Herausgabe dieses Werkes verhindert. Die gesamte Schrift erschien erst in den Jahren 1711–1712 in Deutschland.

3. Das religiöse Schrifttum

Das religiöse Schrifttum des mittelalterlichen Polen zeigt ein differenziertes Bild der Darbietung. Zu den ältesten Schriftdenkmälern der polnischen Sprache neben den Viten, den Biographien der Heiligen Adalbert und Stanislaus und der seligen Prinzessinnen Kunigunde und Salomea, die in Klöstern verfasst wurden, und den von der Kirche tolerierten Apokryphen, wie die erst im 16. Jh. aufgezeichneten Betrachtungen über das Leben Jesu Christi (sog. Rozmyślania przemyskie), zählen noch die Psalter- und Bibelübersetzungen.

Der *Florian-Psalter*[1] der Königin Hedwig aus dem 14. Jh. wurde in drei Sprachen – lateinisch, deutsch und polnisch – geschrieben und zeigt die Schwierigkeiten, die dem Übersetzer beim Übertragen des Psalmentextes ins Polnische entstanden sind. Trotz der Unbeholfenheit im sprachlichen Ausdruck hat dieses Werk, das als Geschenk für die Königin gedacht war, vor allem für die Vermittlung von Normen der mittelalterlichen polnischen Sprache große Bedeutung.

Lediglich in Bruchstücken ist die *Sarospatak Bibel*[2] der Königin Sophie erhalten, die der Kaplan Andrzej z Jaszowic 1455 im Auf-

---

[1] Der Name bezieht sich auf den Aufbewahrungsort der Handschrift im Kloster St. Florian bei Linz (Österreich).
[2] Sáros-patak (Ungarn) ist der Fundort dieses Bibelfragments.

trage der Königin nach einer tschechischen Vorlage ins Polnische übersetzte und die ebenso sprachgeschichtliche Relevanz aufweist. Die mittelalterliche religiöse Prosa dokumentiert sich auch in den Predigten, die von den Geistlichen in der Landessprache vorgetragen wurden. Erinnert sei etwa an das Bruchstück der *Heiligkreuz-Predigt* aus dem 13. oder 14. Jh., die sich durch gewählte Ausdrucksweise und den Gebrauch rhetorischer Figuren auszeichnet und an die spätere *Gnesener Predigt* (Ende 14. Jh.), die Apokryphen und folkloristische Motive enthält. Die religiöse Versdichtung des polnischen Mittelalters war sicherlich älter als das im 14. Jh. schriftlich fixierte Osterlied *Christus ist auferstanden* (Chrystus z martwych wstał je), das aller Wahrscheinlichkeit nach eine Übersetzung des lateinischen Hymnus *Christe surrexisti* darstellt.

Der ursprünglich nur aus zwei Strophen bestehende Marien-Hymnus *Bogurodzica*, der erst zu Beginn des 15 Jhs. aufgezeichnet wurde; galt als eine Schöpfung des 10. Jh. Der heilige Adalbert sollte gar der Autor dieses Liedes gewesen sein:

> Bogurodzica, dziewica, Bogiem sławiena Maryja!
> Twego syna, gospodzina, Matko zwolena Maryja,
> Zyszczy nam, spuści nam.
> Kiryjelejzon.
> Twego dzieła krzciciela, boży cze,
> Usłysz głosy, napełń myśli człowiecze.
> Słysz modlitwę, jąż nosimy
> A dać raczy, jegoż prosimy,
> A na świecie zbożny pobyt,
> Po żywocie rajski przebyt.
> Kiryjelejzon.
>
> (Muttergottes! Jungfrau, von Gott geheiligte Maria! Deinen Sohn, den Herrn, erwählte Mutter Maria, gewinne für uns, mache uns geneigt Kyrie Eleison. / Für Deinen Täufer, Gottes Sohn, erhöre die Stimmen, erfülle die Wünsche der Menschen, höre das Gebet, das wir empor Dir senden, und geruhe zu geben, was wir erbitten, in der Welt Wohlstand, nach dem Leben das Himmelreich. Kyrie Eleison.)

Es erscheint aber vielmehr glaubwürdig zu sein, dass dieses Ritterlied, das auf den Marienkult in Polen hinweist, erst im 14. Jh. entstand und dass es als „Staatshymnus" der Jagiellonen-Dynastie diente. Dieser Hymnus, der im Laufe der Zeit um einige Strophen erweitert wurde, hebt sich schon durch seinen hohen künstlerischen und historischen Wert von den anderen Denkmälern ab.

Die religiöse Versdichtung brachte noch andere Ausdrucksformen hervor, wie das Klagelied (Żale) und das Weihnachtslied (Kolęda), die sich in Polen einer außergewöhnlichen Beliebtheit erfreuten, aber auch die Legenden, wie die vom Hl. Alexios, der auf seinen Reichtum verzichtet und sich aufmacht, die Gnade Gottes und das Heil auf Erden zu suchen. Die mittelalterliche polnische Versdichtung kannte noch eine weltliche Variante, die in didaktischen Gelegenheitsgedichten (*Vom Betragen bei Tisch*), aktuellen Liedern (*Von der Ermordung Andrzej Tęczyńskis*), satirischen Versen (*An die faulen Bauern*) und in Dialogen ihren Niederschlag fand.

Das *Zwiegespräch des Meisters Polykarp mit dem Tod* (Rozmowa mistrza Polikarpa ze śmiercią) nimmt in der polnischen Literatur des Mittelalters nicht so sehr seiner Aussage als vielmehr der lebendigen und witzigen Sprache sowie der Einfälle wegen einen bedeutenden Platz ein. Dieser umfangreiche Dialog, der in achtsilbrigen Verszeilen geschrieben wurde, lässt die Besonderheit des polnischen Verses erkennen, den Sylabismus (silbenzählender Versbau), der von der Kirche und den Schulen aus der lateinischen Metrik entwickelt wurde.

> Po/li/kar/pus/, tak/ wez/wa/ny
> Mędrzec/ wiel/ki/, mistrz/ wyb/ra/ny
> Pro/sił/ Bo/ga/ o/ to/ pra/wie,
> By/ uj/rzał/ śmierć/ w jej/ pos/ta/wie.

(Polykarpes, so genannt, großer Weiser, auserwählter Meister, bat Gott um das Recht den Tod in seiner Gestalt erblicken zu können).

In diesem Werk wird auf den reichen Gebrauch der Abstrakta verzichtet und dadurch hebt es sich vom religiösen Schrifttum ab.

Die formalen Regeln und das bisweilen rigorose Festhalten an einer wortwörtlichen Übersetzung sowie die vorgegebenen lateinischen und tschechischen Schemata waren für die Entwicklung der Schriftsprache im Spätmittelalter hinderlich, so dass kaum Unterschiede zu der Umgangssprache jener Zeit ausgemacht werden können.

RENAISSANCE

1. Die Kultur des „goldenen Zeitalters"

Während der Herrschaft der beiden letzten Jagiellonen Sigismund I. und Sigismund II. August, d.h. in den Jahren 1506 bis 1572, erlebte Polen eine kulturelle Blüte, die durch den wirtschaftlichen Aufschwung des Landes ermöglicht wurde. In dieser Zeit, die als das „goldene Zeitalter" bezeichnet wird, wirkten sich Einflüsse von Humanismus und Reformation zugleich in Polen aus, bedingt durch die wirtschaftlichen und kulturellen Beziehungen zu Deutschland und durch die dynastischen Verbindungen mit Italien. Die Tätigkeit der bekannten Humanisten Philippo Buonaccorsi (Kallimach), Konrad Celtes und Heinrich Bebel in Polen gab der Krakauer Universität neue geistige Impulse, die zur Überwindung der scholastischen Tradition führte. Ihre Schüler, die durch das Studium im Ausland mit den Gedanken von Erasmus und Melanchthon bekannt wurden, gehörten zu den bedeutendsten Vertretern des polnischen Humanismus, der wissenschaftlichen Literatur und der neulateinischen Dichtung.

Zwar erwarb sich die Jagiellonen-Universität als Vermittlerin des westeuropäischen Geisteslebens einen Namen auch bei den Ostslawen, doch zum ersten Zentrum der Renaissance-Kultur in Polen wurde der königliche Hof. Die italienische Prinzessin Bona Sforza, die Gemahlin König Sigismund I., trug maßgeblich zur Verbreitung der Renaissance-Kultur am polnischen Hof bei. Durch Aufträge, die überwiegend an ausländische Baumeister und Künstler vergaben wurden, erwies sich der Königshof als der größte Mäzen der Künste. In dieser Zeit entstanden u.a. die königliche Residenz und die Sigismund-Kapelle auf dem Wawel in Krakau.

In dieser Hinsicht eiferten dem König der Hochadel und die hohe Geistlichkeit nach. So ließ der Kanzler Jan Zamoyski durch den venezianischen Architekten B. Morando die Residenzstadt Neu-Zamość mit den typischen Renaissancebefestigungsanlagen errichten, und der Humanist, Andrzej Krzycki, Bischof von Płock, veranlasste den Umbau des Domes.

Auch in den Städten entstanden repräsentative Bauten, wie die Sukiennice (Tuchhallen) in Krakau oder das Rathaus von Posen. Noch während sich der Humanismus in Polen entfalten konnte, setzte die Reformation ein. Die Reformation erfasste in ihrer ersten, lutherischen Phase, die in den fünfziger Jahren des 16. Jh. begann, vor allem die deutsche Bevölkerung in den großpolnischen Städten sowie in Krakau und Danzig, wo sie allerdings zunächst heftig bekämpft wurde. Doch konnte die reformatorische Bewegung kaum aufgehalten werden und fand bald Duldung im herzoglichen Preußen.

In dem nun säkularisierten Ordensstaat wurde Königsberg mit der 1544 begründeten Universität zur Hochburg des Luthertums. Dort wirkten zahlreiche Prediger, Schriftsteller und Verleger, die sich wie Jan Seklucjan um die Verbreitung des reformatorischen Schrifttums Verdienste erwarben. Hier entstand 1551 die Bibelübersetzung von Stanisław Murzynowski.

Während das Luthertum zur Religion des deutschen Bürgertums in den polnischen Städten wurde, gewann die Lehre Calvins zahlreiche Anhänger unter dem Adel. Der Adel, der die privilegierte Stellung der Geistlichkeit einzuschränken suchte und die Loslösung von Rom forderte, stand den reformatorischen Gedanken schon aus politischen Gründen empfänglicher gegenüber. Aber auch der Gebrauch der Volksprache im religiösen Bereich galt bei den Adligen als Argument, den reformatorischen Grundsätzen zu folgen. Neben den Lutheranern und Kalvinisten ließen sich vor allem in Großpolen die aus Böhmen ausgewiesenen sog. Böhmischen Brüder nieder.

Neben den drei reformatorischen Konfessionen agitierten in Polen auch kleinere Sekten, wie die theologisch und sozial radikalen Sozinianer (Antitrinitarier), die auch „Arianer" genannt wurden.

Obwohl sich König Sigismund II. allen neuen Bekenntnissen gegenüber tolerant zeigte, konnte sich die Reformation in Polen nicht durchsetzen. Das lag z.T. an der weitgehenden Zersplitterung und den gegenseitigen Konfrontationen der einzelnen Richtungen, die die ganze Bewegung zum Erliegen brachten. Dazu machte sich freilich auch das Fehlen einer Persönlichkeit, die vielleicht eine Einigung herbeigeführt hätte, stark bemerkbar. Der bedeutende polnische Reformator Jan Łaski, der nach langjähriger Tätigkeit im Ausland nach Polen zurückkehrte, verstarb nach nur dreijährigem Wirken, ohne jene Aufgabe in Angriff genommen zu haben.

Sein Freund und Schüler, der Rechtsgelehrte Andrzej Frycz Modrzewski (Modrevius), ein führender Denker dieser Zeit, widmete sich besonders gesellschaftspolitischen Fragen. In seinem politischen Traktat *De republica emendanta*, das in Basel 1554 vollständig erschienen und eine Kompilation ist, setzte er sich sowohl für die Reform der Kirche als auch für die Stärkung der Macht des Königs selbst auf Kosten des Hochadels ein.

Die katholische Reaktion, die in der Person des Bischofs von Ermland, Stanisław Hosius, ihren Führer hatte, ließ es nicht zu, dass an den traditionellen Grundsätzen der katholischen Kirche gerüttelt wurde. Ihr profiliertester Vertreter, Stanisław Orzechowski (Orechovius), der leidenschaftliche Verteidiger der kirchlichen Herrschaft gegenüber der weltlichen, wandte sich in seinen in polnischer Sprache verfassten Werken den Adelsinteressen gemäß gegen die Autorität der Königsmacht. Dieser religiöse Schriftsteller, der sich als „gente Ruthenus, natione Polonus" zu bezeichnen pflegte, genoss seine Ausbildung nicht nur in Rom, sondern auch in Wittenberg, was seiner katholischen Religiosität nicht ganz gemäß war.

Erst unter Sigismund III. Vasa konnte die Gegenreformation durch die vom König protegierten Jesuiten die Reformation in Polen völlig zum Erliegen bringen. Dabei ist der Jesuit Piotr Skarga (1536–1612); der Hofprediger Sigismund III., wegen seiner publizistischen Fähigkeiten hervorzuheben. Aus seinem umfangreichen literarischen Nachlass verdient besonders die Predigtensammlung *Commentari de Republika emendanda* Beachtung, darin vor allem die Reichstagspredigten (Kazania sejmowe), die wahrscheinlich nie gehalten wurden aber kurz nacheinander (1597, 1600) zwei Auflagen erfahren hatten. Der Inhalt der Predigten lässt keinen Zweifel daran erkennen, dass für den Jesuiten zwischen der kirchlichen und weltlichen Macht keine Kluft bestand und dass er infolgedessen auch entscheidend für die Stärkung der königlichen Gewalt eintrat. Beachtlich ist weiterhin, dass er sich in seinen Schriften sowohl für das Bürgertum, aus dem er angeblich hervorging, als auch für die Leibeigenen einsetzte. Aus dem Stil seiner Predigten kann schon der Übergang zum Barock abgelesen werden. Für die Rekatholisierung erwies sich zudem die Bibel-Übersetzung des Jesuiten Jakub Wujeks aus dem Jahre 1594 (vollständig 1599) als relevant.

Die Renaissance vermittelte entscheidende Impulse auch für die Entwicklung der exakten Naturwissenschaften. (1543 erschien das bahnbrechende Werk von Nikolaus Copernicus *De revolutionibus orbium coelestium*). Sie begünstigte auch die Entfaltung der Volkssprache in der religiösen und weltlichen Literatur. Dies ist vor allem der reformatorischen Bewegung zuzuschreiben, die bestrebt war, dem Volk die Verkündigung in seiner eigenen Sprache zu vermitteln und die Popularisierung des Schrifttums durch die Einrichtung der Buchdruckereien zu fördern, die von Bürgern deutscher Herkunft, den „polonicati Germani" wie Haller, Wietor, Scharffenberg u.a., in Krakau gegründet wurden.

2. Die Chroniken und die höfische Dichtung

Zu den Erscheinungen des geistigen Lebens der Renaissance gehört auch das lebhafte Interesse an der Geographie und Geschichte. Das zeigt sich u.a. in der Pflege der Chroniken als einer spezifisch literarischen Gattung.

Die sich an Długosz orientierende *Chronica Polonorum* (1519) von Maciej z Miechowa (1457–1523), einem Professor der Krakauer Universität, leitete die rege polnische Chronographie der Renaissance ein. Maciejs Beschäftigung als Geograph fand ihren Niederschlag in der Monographie mit dem Titel *Tractatus de duabus Sarmatiis*, die wertvolle Informationen über Polen, Litauen und Ruthenien gibt. Seine beiden Werke wurden rasch ins Polnische übersetzt und fanden große Beachtung.

Im Jahre 1551 erschien dann ein Abriss der Weltgeschichte von Marcin Bielski (1495–1575), dem ersten polnischen schreibenden adligen Schriftsteller. Diese *Chronik der gesamten Welt* (Kronika wszystkiego świata), stellt eine Kompilation dar und vermittelt, neben Geschichtsinformationen, auch Kenntnisse von kleineren Begebenheiten aus dem Alltagsleben und zeichnet Bilder berühmter Persönlichkeiten nach. Dieses Werk, das von Joachim Bielski überarbeitet und fortgeführt wurde, war Jahrhunderte lang die grundlegende Quelle für eine Beschäftigung mit der Vergangenheit Polens. Deshalb ist es nicht verwunderlich, dass der Berufsschriftsteller M. Bielski, der sich auch in anderen literarischen Gattungen erfolgreich versuchte, sein bleibendes Ansehen in der polnischen Literaturgeschichte seinem Ruf als Chronist verdankt.

Um die Gunst der Leser wetteiferte dieses Werk von Anfang an mit der nicht minder populären Chronik des Ermländer Bischofs Marcin Kromer (ca. 1512–1589). Die Chronik *De origine et rebus gestis Polonorum* 1555, die sich im Wesentlichen an die Darstellung Długoszs hält, zeichnet sich durch eine gewandte Ausdrucksweise aus. Dieses Werk, das Kromer für den westeuropäischen Adel konzipierte, ergänzte er 1577 durch eine landeskundliche Arbeit mit dem Titel *Polonia*.

Den östlichen Landesteilen des polnischen Reiches widmete Maciej Stryjkowski seine chronikalische Darstellung. Das umfangreiche Werk mit dem ungewöhnlichen Titel *Die vorher das Licht nie sah, polnische, litauische, schemaitische und allrussische Chronik* (Która przedtem nigdy światła nie widziała, Kronika polska, litewska, żmodzka i wszystkiej Rusi, 1582) gibt wertvolle Informationen über die Kultur und Sitten der betreffenden Völker. Diese Thematik fand mehr und mehr Beachtung und Niederschlag in der aufkommenden Tagebuchliteratur, die von den am Kriegsgeschehen beteiligten Adligen, wie Samuel Maskiewicz, Stanisław Niemojski und Stanisław Żółkiewski, geschrieben wurde.

Andere Aufgaben hatte freilich der am Königshof tätige Historiograph, der Livländer Reinhold Heidenstein (1553–1620), der in Westeuropa die Kriegstaten des Königs Stefan Batory bekannt machen sollte. Diesen Auftrag löste er in den sechs Büchern über den Moskauer Krieg *De bello Moscovitico* 1585, und darüber hinaus verfasste er 1572 einen Abriss der Geschichte Polens *Rerum Polonicarum libri XII* bis zur Regierungszeit des letzten Jagiellonen Sigismund II.

Die höfische Dichtung, die in der Regel von Mäzenen gefördert wurde, hatte in Polen eine lateinische und eine polnische Variante. Die lateinische Poesie wurde vor allem von Geistlichen gepflegt. Neben dem Höfling Nikolaus Hussovianus (1480–1533), der mit seinem Werk *Carmen de Bisontis* dem Jagdliebhaber Papst Leo X. einen Eindruck von polnischen und litauischen Jagdgebieten und Jagdgewohnheiten vermitteln wollte, erreichte Jan Dantyszek (Flachsbinder, 1484–1548) vor allem während seiner diplomatischen Tätigkeit im Ausland Anerkennung als Dichter.

Die ursprünglichen politischen und erotischen Inhalte seiner Verse wichen dann, als er Bischof von Ermland wurde, einer moralisierenden Thematik, wie es besonders die Elegien zeigen. Dantyszek ist auch als Verfasser von Marienhymnen bekannt.

Der Bischof und Mäzen Andrzej Krzycki (1482–1537), der lange Zeit als Diplomat und königlicher Sekretär am Hof tätig war, schrieb aggressive Epigramme mit höfischer Thematik. Er war es auch, der den jungen Geistlichen Klemens Janicius förderte. Der talentierte Janicius (1516–1543), der in Padua mit dem Dichterkranz ausgezeichnet wurde, hinterließ neben einer anspruchsvollen autobiographischen Elegie *Trista* eine politische Satire und zahlreiche Epigramme.

Als Ausdruck der Lebensanschauung und des Lebensstils, die an den polnischen Renaissancehöfen herrschten, ist der *Polnische Höfling* (Dworzanin polski, 1566), von Łukasz Górnicki (1527–1603) zu werten; es handelt sich um eine polonisierte Form des italienischen Werkes *Il Cortegiano* des Castiglione. Aufgrund seiner abstrakten Thematik sprach das Werk nur den hohen Adel, nicht aber den Mittel- und Kleinadel an, dessen Bildungsniveau allgemein niedrig war. Der von Górnicki dargestellte gebildete Höfling, der im Handeln und in den Umgangsformen auf Maß bedacht ist und obendrein Geschmack besitzt, bot den Landadligen ohnehin wenige Identifikationsmöglichkeiten. Górnickis ausgewogene Prosa weist auf sein Bemühen hin, der polnischen Schriftsprache auch auf syntaktischer Ebene einen eigenen Stil zu geben.

3. Das literarische Werk Mikołaj Rejs

Mikołaj Rej z Nagłowic (1505–1569), den man auch den „Vater der polnischen Literatur" nennt, reproduzierte in seinen literarischen Schriften die Lebensführung und Lebensanschauung eines typischen Vertreters aus dem mittleren Adel. Rej, der sich nach einem längeren Aufenthalt als Sekretär am Hofe des Magnaten A. Tęczyński auf sein Familiengut bei Krakau zurückzog, verbrachte sein Leben als ein politisch engagierter Landadliger und Schriftsteller. Der Erzähler und Dramatiker Rej hinterließ aus seiner beinahe dreißigjährigen literarischen Tätigkeit ein beachtliches Werk, das mit Ausnahme einiger früher Werke in seiner Gesamtheit erhalten blieb. Bereits 1543 erschien unter dem Pseudonym Ambroży Rożek das in der Form eines Dialogs geschriebene *Kurzes Gespräch zwischen dem Herrn, Vogt und Pfarrer* (Krótka rozprawa między Panem, Wójtem a Plebanem), das gewisse Parallelen zum Dialog *Ain schöner dialogus und gesprech aim Pfarrer und aim Schulthayss* des Humanisten Vidianus aufweist. Die drei Figuren dieses „Gesprächs" repräsentieren die drei miteinander zerstrittenen Stände: Adel, Bauern und die niedrige Geistlichkeit und behandeln deren Beschwernisse. Jede Figur trägt ihre Probleme vor, ohne dabei auf die Argumente der Gesprächspartner einzugehen. Die polemischen Akzente ihrer Reden weisen keinen „persönlichen" Charakter auf, sie beziehen sich vielmehr auf den behandelten Stoff, also auf die Praktiken der Geistlichkeit, das Schicksal der Bauern, die Tätigkeit der Gerichte, des Reichstags, die Zehnten und Kriegsabgaben usw. Rej zeigt sich hier als ein Befürworter der von Mittel- und Kleinadligen geforderten Reformen. In diesem Traktat verwandte Rej bei der Darstellung sozialpolitischer, religiöser und sittlicher Probleme einen ungewohnten, sich an die Umgangssprache anlehnenden Stil mit besonderer Metaphorik und Phraseologie unter Benutzung zahlreicher Sprichwörter oder sprichwörtlicher Redensarten.

Ähnlicher Darbietungsform bediente sich Rej auch in seinen zwei Dramen: dem *Leben Josephs* (Żywot Józefa, 1545), das den Mysterienspielen verwandt ist und wahrscheinlich auch aufgeführt wurde, sowie *Kaufmann* (Kupiec, 1549), das wiederum der Form nach, der Moralität nahe steht, inhaltlich gegen die katholische Lehre gerichtet ist. Denn die „guten Taten" des Fürsten, des Bischofs und des Abtes erweisen sich in der Gegenüberstellung zu dem „reinen Glauben" des Kaufmanns als für die Sündenvergebung wenig nützlich.

Der in diesem Drama sich ankündigende Übergang Rejs zum Protestantismus offenbart sich noch deutlicher in seinem populärsten Werk *Postilla* (aus: post illa verba textus, 1557), das allein im 16. Jh. fünf Auflagen erlebte. In der *Postilla* benutzte Rej die Form der Predigt, um die Lehre Calvins auf eine einfache und einprägsame Weise zu propagieren. Seine „Predigten", die in der Umgangssprache verfasst worden sind, enthalten authentische Beschreibungen von Sitten und Gebräuchen jener Zeit, so dass die *Postilla* gleichzeitig zum Fundus folkloristischer Informationen über das Polen des 16. Jh. wird.

In seinem *Tiergarten* (Zwierzyniec, 1562) wählte Rej die Epigrammform, um die historischen Persönlichkeiten der Antike und die Elite der polnischen Renaissance-Kultur in kurzen Achtzeilern zu porträtieren. Seine moralisierende Satire richtet er in erster Linie gegen die Geistlichkeit, was sich aus seiner reformatorischen

Überzeugung erklärt. Seine Fähigkeiten als Humorist brachte er in den *Fazetien* (Figliki, 1574), die eine Ergänzung zum *Tiergarten* darstellen, voll zur Geltung. Obwohl er auch in ihnen nicht frei von fremden Vorbildern (Poggio und H. Bebel) ist, so bemühte er sich erfolgreich um ein heimisches Kolorit. Auch hier trifft seine Satire den Klerus, wie das aus der Fazetie *Der Priester lehrte den Bauern an die Dreifaltigkeit zu glauben* (Chłopa Ksiądz o św. Trójcy wierzyć uczył) hervorgeht:

> Chłopu o świętej Trójcy trudny się węzeł zadał
> Ksiądz rzekł: aby potrosze i doma przykład brał,
> Masz syna, sam bądź ojcem, żona duchem świętym.

(Dem Bauer erscheint die Dreifaltigkeit als ein schwieriges Problem. Der Priester sagt, dass er ein Beispiel aus dem häuslichen Bereich nehmen solle: Du hast einen Sohn; selbst sei der Vater; die Ehefrau soll Heiliger Geist sein.)

In dem nicht minder populären *Eigenen Abbild* (Wizerunek własny, 1558), das im 16. Jh. noch zweimal aufgelegt wurde, schildert Rej die Weltreise eines Jünglings, der die Wahrheit sucht. Dabei zieht der Verfasser für die plastische Darstellung seiner Allegorie realistische Bilder aus seiner Umgebung heran.

Von gleicher Thematik ist auch sein umfangreichstes und bedeutendstes Werk *Spiegel oder Bild* (Zwierciadło albo Kształt, 1568), dessen in Prosa geschriebener Hauptteil *Das Leben eines Ehrenmannes* (Żywot człowieka poczciwego) noch einmal die Problematik des *Abbilds* aufgreift. Die Biographie eines Landadligen, eines „vir bonus", gegliedert in Jugend-, Mannes- und Greisenjahre, versah Rej mit Ratschlägen für die Lebensweise und Pflichten eines Landadeligen. Darin spiegelt sich die Lebensanschauung eines typisch polnischen Adligen, wie es Rej selbst war, wider, der Landwirtschaft aus Neigung und Überzeugung betreibt, bestrebt ist, redlich zu handeln, und die Idylle im Familien- und Freundeskreis sucht.

Das literarische Werk Rejs wird insbesondere durch didaktisch-moralische Tendenz, verbunden mit reformatorischen Absichten gekennzeichnet; Rejs Unselbständigkeit in der Wahl der Stoffe und Motive wird durch die bildhafte Ausdrucksweise seiner Sprache aufgewogen.

4. Die Dichtung Jan Kochanowskis

Das literarische Werk von Jan Kochanowski (1530–1584) unterscheidet sich schon in formaler Hinsicht deutlich von den Werken Rejs. Kochanowskis mannigfaltige Ausdrucksformen und seine ausgewogene Sprache, zeugen von seiner umfassenden literarischen Bildung, vor allem von der Kenntnis der antiken Dichtung. Zwar entstammte auch Kochanowski dem mittleren Adel, doch prägte ihn entscheidend die höfische Kultur, die auch seine sprachliche Ausdrucksweise und die Wahl seiner Themen beeinflusste.

Durch das Studium in Königsberg und Krakau sowie durch seine Aufenthalte in Italien, Frankreich und Deutschland erwarb sich Kochanowski die notwendigen philologischen Kenntnisse. Bereits in Padua begann er mit seiner literarischen Tätigkeit. Seine in Latein verfassten Liebeselegien enthalten der polnischen Literatur bisher fremd gebliebene erotische Motive. Vielleicht war die Begegnung mit den Dichtern der Plejade in Frankreich, die die französische Sprache literaturfähig machte, für die Wahl der Muttersprache in seiner Dichtung ausschlaggebend. Während seines Aufenthaltes in Paris verfasste er vermutlich den religiösen Hymnus *Was willst Du, Herr, von uns für Deine reichen Gaben* (Czego chcesz od nas Panie za Twoje hojne dary).

Bevor Kochanowski königlicher Sekretär wurde, sicherten ihm verschiedene Mäzene materielle Sicherheit, so u.a. der Herzog von Preußen Albert II., der Wojewode Firlej und der Krakauer Bischof Podniewski. Zu dieser Zeit entstanden die zahlreichen Panegyriken und das *Schachspiel* (Szachy) eine Bearbeitung des lateinischen Werkes von Marco Girolamo Vida.

Schon im Dienste des Königs schrieb Kochanowski zwei Satiren, die die politischen Ansichten der beiden Vizekanzler widerspiegeln. In *Eintracht* (Zgoda, 1564) vertritt Kochanowski die Auffassung seines Förderers, Bischof Podniewski, indem er gezielt die Geistlichkeit wegen ihrer Ausschweifung, Unwissenheit und Unbildung angreift. Auch die Protestanten werden in diesem Werk der Plünderung von Kirchengütern angeprangert. Doch fordert er, die religiöse Einheit schon aus politischen Gründen wiederherzustellen; denn, wie er sagt: „das Allgemeingut wird durch die Zwietracht stark in Mitleidenschaft gezogen und nimmt einen grausamen Schaden" (dobro pospolite prze wnętrzną niezgodę odnosi ciężką żałość i okrutną szkodę).

In *Der Satyr, oder der wilde Mann* (Satyr albo dziki mąż, 1564) sind die Gedanken Myszkowskis, des zweiten Vizekanzlers, wiedergegeben. Darin macht Kochanowski einerseits auf den tiefen Wandel des Adelsstandes, d.h. auf den Übergang vom Krieger zum Landadligen, aufmerksam und hält andererseits die Rückkehr zum Kriegshandwerk der Vorfahren für unumgänglich, damit der polnische Staat weiterhin mächtig und verteidigungsfähig bleibe.

Zwar scheiterte Kochanowski in seiner Karriere am Hof — er zog sich 1570 auf sein Gut nach Czarnolas (bei Krakau) zurück — und auch als Geistlicher; doch er erkannte alsbald seinen Wert als Dichter, der weit über die Grenzen seines Landes bekannt werden wird, was er in der Elegie *Mir singe ich und den Musen* (Sobie śpiewam i musom) zum Ausdruck brachte:

> O mie Moskwa i będą wiedzieć Tatarowie, I mieszkańcy
> różnego świata Anglikowie;
> mnie Niemcy i waleczny Hiszpan, poznają.

> (Von mir werden Moskau und die Tataren wissen und die Engländer, die Bewohner einer eigenen Welt; mich werden die Deutschen und der tapfere Spanier kennen lernen.)

In Czarnolas, wo er bis zu seinem Tod lebte, erlangte er den Höhepunkt seiner schriftstellerischen Tätigkeit. Als ein Meister der kleinen Form zeigt sich Kochanowski in der Sammlung seiner Epigramme (Fraszki), die er kurz vor seinem Tode noch veröffentlichen konnte und die ein Kaleidoskop von Beobachtungen, vor allem vom Leben am Hof darstellen.

Diese kleinen Betrachtungen mit ausgezeichneten Charakteristiken von Menschen, aber auch Tieren, Bäumen, Bauten usw. sind in der Regel komisch und pointiert skizziert.

Breiter gespannt ist der Themenbereich der Gedichtsammlung (Pieśni), die erst posthum erschienen ist. Der an Horaz orientierte Gedichtzyklus erschloss der polnischen Lyrik neue Themenkreise, wie den der Liebe oder der Philosophie. In dieser Anthologie fallen durch ihre Geschlossenheit die *Johannisnacht-Gedichte* (Pieśni świętojańskie o sobótce) auf, in denen sich die lebensbejahende Haltung eines humanistisch gebildeten Adligen widerspiegelt, der ein harmonisches Leben in der ländlichen Abgeschiedenheit sucht. Dabei wird das Dorfleben verherrlicht, wie es der folgende Vers erkennen lässt:

Wsi spokojna, wsi wesoła,
który głos twej chwale zdoła?

(Dorf, du stilles, Dorf du fröhliches, welche Stimme kann dein Lob singen?)

Die in den Gedichten oft angewandte sapphische Strophe verwendete Kochanowski auch in dem *Psalter der Daviden* (Psałterz Dawidów, 1578). Diese einzigartige und künstlerisch sehr anspruchsvolle Bearbeitung der Psalmen fand nicht nur bei der katholischen, sondern auch bei der protestantischen Kirche Polens große Beachtung. Die Psalmen wurden — woran hier zu erinnern ist — über Jahrhunderte sowohl in den Kirchen Polens als auch in den orthodoxen Kirchen Russlands und Rumäniens gesungen.

Diese intensive Beschäftigung mit religiöser Thematik schlug sich zweifellos auch in den *Elegien* (Treny, 1580), einem Gedichtzyklus nieder, der den Höhepunkt seiner Lyrik darstellt.

Pańska ręka mnie dotknęła,
Wszystkę mi radość odjęła:
Ledwie w sobie czuję duszę
I tę podobno dać muszę.

(Gottes Hand hat mich berührt, nahm mir die ganze Freude, so dass ich kaum meine Seele spüre, die ich anscheinend, opfern muss.)

Das Leid um den frühen Tod seiner Tochter versuchte Kochanowski künstlerisch zu artikulieren. Seine lyrischen Reflexionen gehen auch über die Erfahrungen des persönlichen Unglücks hinaus und zeigen die Ratlosigkeit und Ohnmacht des Menschen vor den Naturgesetzen. Jedoch der wiedergewonnene Glaube und die Besinnung auf seine dichterischen Fähigkeiten helfen ihm, das Leid nicht zur Tragödie werden zu lassen.

Der Lyriker Kochanowski galt lange Zeit in der polnischen Literatur als unerreichbar. Er schuf Normen in Metrik, Lexik und Syntax, die für die Entwicklung der polnischen Lyrik richtungweisend waren, an denen sich seine Nachfolger zu orientieren hatten.

5. Die Literatur des Bürgertums

Das bereits 1513 veröffentlichte Gebetbuch *Paradies der Seele* (Raj duszy), des bürgerlichen Schriftstellers Biernat z Lublina (ca.

1465–ca. 1529) gilt als das älteste gedruckte Buch in polnischer Sprache. Biernat, der in Krakau lebte und sich dort für die Reformation einsetzte, ist auch als Autor anderer Werke bekanntgeworden, wie z.B. das *Leben Äsops* (Żywot Ezopa, 1522), dem über zweihundert Tierfabeln mit einer großen Anzahl von Sprichwörtern beigefügt sind.

Während noch für Biernat die schriftstellerische Technik des Mittelalters verbindlich war, verpflichtete sich Sebastian Klonowic (ca. 1554–1602), Ratsherr und Bürgermeister von Lublin, in seinem künstlerischen Schaffen allein der Renaissance. Das zeigt sich schon in den Klageliedern, die Klonowic zum Tode Kochanowskis verfasste.

Wie Kochanowski versuchte sich auch Klonowic zunächst in lateinischer Sprache, z.B. in der *Roxolania* (1584), einer Beschreibung von Mensch und Landschaft der östlichen Randgebiete des polnischen Staates. Weniger gelungen ist dagegen die in Polnisch geschriebene Schilderung einer Schiffsfahrt auf der Weichsel *Das Flößen* (Flis, 1595), die auch volkswirtschaftliche Überlegungen des Autors enthält.

Zu seinen bedeutendsten Werken zählt die Satire *Der Geldbeutel der Judasse* (Worek Judaszów, 1600), in der zwischen vier verschiedenen Arten von Diebstahl, je nach der Lederart des Geldbeutels (jeweils aus den Häuten von Wolf, Fuchs, Luchs oder Löwe) unterschieden wird. Dabei beschränkt sich Klonowic auf die Darstellung „niedriger", ungerechter Bereicherungen, während er den „Löwen-Anteilen" der Adligen und der Geistlichkeit nur wenig Beachtung schenkte. Er ermahnt alle Gläubigen lautstark:

Pomni na zakon Boży i na bojaźń jego...
Nie szydź z ludzi, nie mrugaj powieką nieszczerą,
Nie bądź łżywym oszustem.

(Gedenke der Gottesgebote und Gottesfurcht... Verspotte nicht die Menschen, zwinkere nicht mit dem unaufrichtigen Augenlid, sei kein lügenhafter Betrüger.)

Unter den unmittelbaren Nachfolgern Kochanowskis erwarb sich aus Lemberg stammende Simeon Simonides (Szymon Szymonowic, 1558–1629) den Ruf als der größte Dichter. Simonides, der vom Kanzler Zamoyski protegiert wurde, erwies sich auch als talentierter Organisator der neu gegründeten Akademie von Zamość. Eine bedeutende Stellung in der polnischen Literaturgeschichte sicherte er sich mit seinen Idyllen, die 1614 in einer Sammlung erschienen sind. Zwei Idyllen erfreuen sich besonderer Beachtung: Die *Kuchen* (Kołacze), die Schilderung einer Hochzeit auf einem Adelsgut mit all den mit dem Fest verbundenen Gebräuchen und Zeremonien, und die *Mäher* (Żeńcy), ein Bild der schweren, streng beaufsichtigten Feldarbeit, das wenig mit der gängigen Vorstellung einer Dorfidylle gemein hat.

Die bürgerliche Literatur in Polen hatte neben den Werken des gehobenen Bürgertums noch eine zweite Variante, die mit der Tradition der allgemeineuropäischen Narrenliteratur fest verbunden war. Die Autoren dieses Schrifttums, das den Namen „Eulenspiegelliteratur" trägt (literatura sowiźrzalska), stammten überwiegend aus der Unterschicht und rekrutierten sich aus Kirchensängern, ehemaligen Sekretären, Pfarrschullehrern, Kantoren und Studenten der Krakauer Universität.

Diese sog. „Ribaltenbruderschaft" (ital. *ribaldo*=Schuft, Schurke) publizierte ihre Werke meist anonym oder unter einem drastischen Pseudonym wie: Saufmaul (Moczygębski) oder Schiefmaul (Krzywogębski). Neben dem dramatischen Genre bevorzugten sie die Satire, und das sowohl in der Form des Liedes als auch des kleinen Scherzgedichtes oder aber einer ähnlichen längeren Komposition in der Art der *Synode der Pfaffen aus dem Vorgebirge* (Synod klechów podgórskich, 1607), einem Hilferuf der von Not bedrohten „Sänger". Zu diesem Typus gehören auch Jan Jurkowskis *Gesandtschaft von den wilden Feldern* (Poselstwo z dzikich pól, 1606), eine politisch-soziale Satire, und die anonyme *Bettler-Pilgerfahrt* (Peregrynacja dziadowska, 1612), die eine ausgezeichnete Satire auf die Bettelei darstellt, die eng mit dem Wallfahrtswesen und dem lokalen Handel verbunden war und zugleich eine Sittenskizze jener Zeit darstellt.

Die Lieder dieser „Bänkelsänger", die die kirchliche Zensur wegen ihrer erotischen Motive bekämpfte, tragen in der Regel komische Züge. In ihnen wurden bestimmte Berufsgruppen oder Einwohner gewisser polnischer Gegenden verulkt. Oft lassen sich dort auch Einflüsse ukrainischer Lieder feststellen, so vor allem in den balladenähnlichen Kompositionen; Spuren der Volkspoesie geben diesen Liedern einen besonderen Reiz. Ein solches Lied ist der sogenannte Krakowiak, einer Komposition von Zweisilbigen Vierzeilern in der Melodie nach dem 2/4 Takt, der spontan entsteht, die augenblickliche Stimmung festhält, bisweilen derben Witz enthält und eng mit dem Tanz verbunden ist.

Diese Variante der bürgerlichen Literatur der Unterschicht war jedoch regional beschränkt und hing z. T. mit der Blüte der Pfarrschulen in Kleinpolen zusammen. Der Untergang dieser Institution im Zuge der Gegenreformation bedeutete zugleich den Untergang dieses sozial sehr engagierten Schrifttums.

6. Das Theater

Das Fehlen eines Theaters am Hof und in den Städten war dafür ausschlaggebend, dass es erst gegen Ende des 16. Jh. zu einer lebendigen Dramenproduktion in Polen gekommen war. Freilich lassen sich in Polen Spuren mittelalterlicher Theaterdarbietungen wie die des geistlichen Dramas oder der aus den Osterspielen entwickelten Salbenkrämerszenen feststellen. Den synodalen Beschlüssen kann entnommen werden, dass in Polen seit dem 13. Jh. Theateraufführungen auch außerhalb der Kirche stattfanden. Aber erst viel später interessierte sich der königliche Hof für das dramatische Spiel. Es gab am Hof bereits im Jahre 1515 Theateraufführungen, wie aus einer Notiz des Schatzmeisters Sigismund I. hervorgeht: „Den deutschen Studenten für die Aufführung deutscher Komödien 1 Griwna und 41 Groschen" (Żakom niemieckim grających komedyje niemieckie grzywny 1 i groszy 41).

Die Verbreitung des humanistischen Dramas der Renaissance, das Erfahrungen westeuropäischer dramatischer Schulen nach Polen vermittelte, erfolgte im 16. Jh. Die in der lateinischen, später in polnischer Sprache verfassten Dramen drangen bald in das städtische Kulturleben ein, wurden auch an der Krakauer Universität und am Hofe aufgeführt und zählten im 17. Jh. zum festen Bestandteil der adligen und bürgerlichen Kultur.

Das humanistische Drama wurde in Polen durch das *Spectaculum de Judicio Paridis* des Jacobus Locher Philomusus eingeführt. Dieses Stück, das im Juni 1502 in Ingolstadt aufgeführt wurde, wurde zwanzig Jahre danach in Krakau gespielt. Lochers Drama musste sich großer Beliebtheit erfreut haben, denn 1542 erschien es in einer polnischen Version.

Mit dem humanistischen Drama machte sich auch gleichzeitig die Wirkung des antiken Dramas in Polen bemerkbar. So übersetzte Górnicki *Troades* von Seneca und im Nachlass Kochanowskis fand sich ein Fragment der Tragödie *Alkestis* des Euripides. Kochanowski ist auch der Autor einer originalen Tragödie der polnischen Renaissance, die er nach Motiven Homers schrieb. In *Abfertigung der griechischen Gesandten* (Odprawa posłów Greckich, 1579), die Gesandten kommen zu den Trojanern, um die Rückgabe Helenas zu verlangen und den Konflikt beizulegen, spielte der Verfasser auf die polnische Verfassungspraxis an und versah die legendäre Geschichte mit aktuellen politischen Anspielungen.

Diese einzige Tragödie der polnischen Renaissance, die Kochanowski dem Kanzler anlässlich seiner Hochzeit widmete, wurde 1587 in Jezdów uraufgeführt, wo 1548 die italienische Commedia dell'arte gastierte, nachdem sie am Hofe der Königin Bonna Sforza gespielt hatte.

Der Hochadel, der über genügend materielle Möglichkeiten verfügte, konkurrierte von Anfang an mit dem König bezüglich des Theaters. Davon zeugen nicht nur die Aufführungen bei den Zamoyskis, sondern auch die bei den Tarnowski in Busko, wo der Diplomat Piotr Ciekliński (1658–1604) die polonisierte Plautus-Komödie *Trinummus* (Potrójny) auf die Bühne brachte.

Auch an den weniger bedeutenden Adelshöfen wurden Theaterstücke aufgeführt. Dort besorgten in der Regel auf den Geschmack des Adels bedachte berufliche oder halbberufliche Wandertruppen die Aufführungen. Diese Wandertruppen spielten vermutlich polemische, in der mittelalterlichen Tradition stehende Dialoge, wie z.B. *die Bettlertragödie* (Tragedia żebracza, 1551), die von einer Hochzeit, der in einer Zunft organisierten Bettler und von einer Bettlergerichtssitzung unter dem Vorsitz des Zunftvorstehers handelt.

Aber nicht nur die Wandertruppen der Gaukler vermittelten die mittelalterliche Volkstheatertradition, sondern auch die lokalen, aus der zunehmenden Profanisierung der geistlichen Dramen hervorgehenden und sich verselbständigenden Spiele. Die verschiedenen Formen der Darbietungen wie das Krippenspiel oder das Umherziehen mit dem Stern oder Bären boten Gelegenheit zu kurzen, episodenhaften, oft lokalen humoristischen Einlagen.

Die „Bänkelsänger" standen zu diesem Theater in enger Beziehung; sie wirkten bei den Aufführungen mit oder gehörten einer Wandertruppe an. Ihnen wird auch die Autorenschaft der meist anonym gehaltenen Farcen und Zwischenspiele (Intermedien) zugeschrieben. Schließlich schufen sie den altpolnischen Komödienstil der „Ribaltenkomödie", deren fester Bestandteil die sogenannten „Alberten" (Albertusy) darstellen. Dieser Dialogzyklus zeigt einen einfältigen, gutmütigen Dorfpfaffen, der gezwungen ist, einen Mann in den Kriegsdienst zu schicken, und seinen Küster, der sich nun anschickt, in gänzlich ungebräuchlicher Rüstung und mit untauglichem Pferd in den Krieg zu ziehen. Schon der Kauf der Rüstung in dem *Feldzug Alberts* (Wyprawa Albertusa, 1590) gab dem Autor genug Anlass zur Situationskomik.

In der Fortsetzung *Alberts Rückkehr vom Krieg* (Albertus z wojny, 1596) erzählt der „kühne" Ritter, der so manche gemeinsamen Züge mit der später geschaffenen Figur des Don Quichotte aufweist, von seinen Kriegserlebnissen und wie er nacheinander seinen alten Gaul und seine Ausrüstung verloren habe. Für seine Kriegstaten will er sich jedoch um eine Belohnung bemühen.

So wandelt sich Albert von einem gimpelhaften Küster zu einem dreisten, auf Plünderung ausgehenden Deserteur. Auf diese Weise wird die zunächst unverfängliche Komik zur Satire auf die Missbräuche der Soldaten, die in den Kriegen den ihnen zustehenden Sold entbehren mussten und deshalb auf Plünderung der einheimischen Bevölkerung angewiesen waren.

Auch die spätere *Neue Ribaltenkomödie* (Komedyja rybałtowska nowa, 1615), berührt das gleiche Thema mit demselben Helden Albert. Von ähnlicher Thematik ist auch das Zwischenspiel Jan Dzwonowskis *Nichtallgemeines Militäraufgebot oder der Gänsekrieg* (Niepospolite ruszenie albo gęsia wojna, 1621), in dem die Habgier der Soldaten von einem Gastwirt, dessen Garten geplündert wurde, detailliert geschildert wird.

(Karczmarz:)
Katże ich wie, mój panie, który z nich cnotliwy,
Bralić mi i w ogrodzie, darlić mi i śliwy.
Zwłaszcza owi kijacy, odarta piechota,
Nie masz sam nic dobrego, każdy z nich niecnota.

(Der Teufel wird es wissen, mein Herr, wer von ihnen noch anständig ist. Sie nahmen mir auch aus dem Garten, sie plünderten mir sogar die Pflaumen. Besonders diejenigen mit den Stöcken, die zerlumpte Infanterie. Dort findet man kaum einen Anständigen, ein jeder ist ein Taugenichts.)

Mit einer Farce *Die Tragödie vom polnischen Scirulus* (Tragedya o polskim Scirulusie, 1604) bereicherte Jan Jurkowski die „Ribaltenkomödie". Dieses Drama — in manchen Zügen dem deutschen Fastnachtsspiel ähnlich — wird wegen der guten kompositorischen Leistung und der darin enthaltenen Zwischenspiele besonders geschätzt. Vor allem das Zwischenspiel, in dem ein Student einem Landadligen Bildungsfeindlichkeit vorwirft und auf die katastrophale Lage der Dienerschaft am Adelshof hinweist, verdient Beachtung.

> Tak dziś pedagogom śmierdzą pańskie dwory
> Jak Scylla Charybdy erebski obory.
> W większej wadze tam mają psie mistrze i końskie,
> Kuglarze, pasożyty, głaszczouchy łońskie,
> Niźli mędrce rozsądne, co im syny uczą...

(So stinken heute den Lehrern die Adelshöfe wie Scylla und Charybdis die Erbosviehställe. Dort sind die Hunde- und Pferdemeister, die Gaukler, Schmarotzer und die Schmeichler viel wichtiger als vernünftige Lehrer, die ihnen ihre Söhne lehren.)

Das Schultheater war die Institution, die regelmäßig Theateraufführungen vorbereitete, entweder zu feierlichen Anlässen oder auch aus didaktischen Erwägungen. Bereits im 16. Jh. setzte die Wirkung der protestantischen Schultheater in Polen ein. Aus den Spielplänen der Bühnen in Danzig und Thorn geht hervor, dass dort an westeuropäischen Repertoires orientierte Dramen moralischen und philosophischen Inhalts aufgeführt wurden.

Das Schultheater des Jesuitenordens übertraf alle ähnlichen Einrichtungen an Wirksamkeit und Dauer. Ad maiorem Dei gloriam dienend, war das religiöse und moralische Anliegen das wesentliche Ziel der Jesuitenbühne. Diese zielbewusst angelegte Institution wirkte konsequent nahezu zweihundert Jahre. Sie besaß eigene Seminare zur Ausbildung von Dramatikern, eine Stelle zur Koordination der Spielpläne und eine eigene Zensur. Dank dieses durchdachten Systems stellt das überlieferte Material die dokumentarisch wenig erfassten Theateraufführungen anderer Orden wie der Piaristen, Theatiner oder der Basilianer in den Schatten.

Im Jahre 1564 wurde in Polen das erste Jesuitenkolleg gegründet, und zwei Jahre danach traten die Jesuiten in das Theaterleben ein. Als dann 1599 die Regeln der *Ratio studiorum* für den Jesuitenorden verbindlich wurden, waren in Polen schon 11 Jesuitenbühnen tätig. Diese Zahl stieg bald auf 59, was auf eine weite räumliche Verbreitung schließen lässt.

Zwar verstand sich die Jesuitenbühne als Schultheater par excellence, doch sie wirkte auch außerhalb der Kollegien. Um den Zugang zum breiten Publikum zu sichern, wählte dieser Orden für seine Aufführungen u.a. Marktplätze, Straßenkreuzungen und ähnliche verkehrszentrale Orte.

Die Jesuitenbühne dominierte der Dialog mit religiösen und moralischen Inhalten gemäß den Zielsetzungen des Ordens. Noch im 16. Jh. begannen die Jesuiten unter dem Einfluss des Volkstheaters, in ihre Aufführungen verschiedene Einlagen von Monologen und Dialogen einzuschieben, um auf diese Weise den Zuschauer während der Pausen zu unterhalten oder ihm den Inhalt der Stücke begreiflich zu machen. Die von den Jesuiten verfassten Zwischenspiele entbehren der satirischen Schärfe, die das Zwischenspiel der Volksbühnen auszeichnet.

Die Jesuitenbühnen, die darauf ausgerichtet waren, das Medium Theater für ihre religionspädagogischen Zielsetzungen zu beherrschen, waren darauf Bedacht die Konkurrenz jeden Couleurs einzudämmern.

7. Die Sprache

Die sich in der ersten Hälfte des 16. Jh. herauskristallisierende Schriftsprache verdrängte das Lateinische nach und nach aus Kanzlei und Schule und nicht zuletzt aus dem literarischen Bereich. Rejs Ansicht, dass die „Polen keine Gänse seien, sie hätten ihre eigene Sprache" und entsprechende Aussagen Krakauer Drucker und Verleger, trugen in hohem Maße dazu bei, dass die polnische Sprache sich durchsetzen und behaupten konnte, freilich dank des reformatorischen Gedankengutes.

Um diese Zeit entstanden die ersten Elementarbücher für den schulischen Gebrauch, wie die dreisprachigen (lateinisch, deutsch und polnisch) *Mannigfaltigen Redewendungen* (Namowy rozliczne, 1527) von Jan Murmelius und der erste Versuch einer Grammatik von Piotr Statorius (Stojeński) *Polonicae grammatices institutio* (1568), die für die Schulen der Arianer bestimmt war.

Großen Verdienst um die polnische Sprache erwarb sich auch Jan Mączynski, der in Königsberg 1564 sein beachtliches Werk

Lexicon Latino-Polonicum veröffentlichte, und schließlich bemühte sich der angesehene Verleger Jan Januszkowski um die Einheitlichkeit der polnischen Orthographie. Diese von den Druckereien ausgehenden Normen erfassten bald die Kanzleien der Magnatenhöfe und beeinflussten die Landadelshöfe und die dort wirkenden Schriftsteller.

Die Schriftsteller hatten wohl den größten Anteil an der Formung der polnischen Sprache, so vor allem in der Bereicherung der Lexik durch Lehnübertragungen aus dem Lateinischen, Tschechischen, Deutschen und Russischen sowie durch die Schaffung von Neologismen, was bisweilen zu Übertreibung führte. Die Versifikation erreichte ein hohes Niveau ebenso wie die weit entwickelte Prosa, die sich an der humanistischen Lebensanschauung orientierte.

Die polnische Sprache der Renaissance erreichte einen beachtlichen Stand an Ausdrucksmöglichkeiten und das sowohl im künstlerischen als auch im publizistischen und wissenschaftlichen Sektor.

BAROCK

1. Die Kultur der polnischen Barockzeit

Die frühen Impulse des Barock, drangen nach Polen direkt aus Italien ein und breiteten sich zunächst in den südlichen und zentralen Landesteilen aus. Im Norden dagegen, vor allem in Danzig, machte sich der niederländische Einfluss bemerkbar. Erst später wurden Anregungen aus Frankreich, Spanien und Deutschland wirksam. Die wirtschaftlichen Verhältnisse in Polen am Ende des 16. und am Anfang des 17. Jhs. — so besonders der hohe Agrarexport — trugen dazu bei, dass sowohl der Adel als auch das Bürgertum zu Wohlstand gelangten. Dies förderte die Entfaltung der Kunst insofern, als nun auch das Bürgertum zum Auftraggeber der Künstler wurde. Auch die Dynastie der Vasa-Könige stand den Künsten aufgeschlossen gegenüber. Nicht zuletzt machte sich die katholische Kirche um die Entwicklung der barocken Kunst in Polen verdient.

Die offizielle Annahme der Beschlüsse des Trienter Konzils in Polen (1577) ermöglichte es der Kirche, die Kunst in ihren Dienst zu stellen. Neben dem Episkopat propagierten insbesondere die Jesuiten die sakrale Kunst. Die ersten Jesuitenkirchen, die in Polen von italienischen Baumeistern (Bernadoni, Britius) in Lublin, Nieśwież, Kalisz und Jarosław erbaut wurden, zeichnen sich noch durch Bescheidenheit der inneren Ausstattung und Einfachheit in der Gestaltung der Fassaden aus. Die späteren kirchlichen Bauten, wie die Jesuitenkirche in Krakau, kennzeichnet dagegen Monumentalität bei einer reichen, auf Repräsentation ausgerichteten Ornamentik des Innenraumes.

Ebenfalls unter Leitung italienischer Baumeister wurden Stiftskirchen und Klöster errichtet, die auf Fundationen der Magnaten zurückgehen (Zamość, Bielany b. Krakau, Kalwaria Zebrzydowska). Während die Bildhauerei auch außerhalb der Kirchen und Klöster in den verschiedenen Typen der Grabsteinarchitektonik repräsentiert wird, erlebte die sakrale Malerei vor allem bei der „Barockisierung" der Kirchen ihren entscheidenden Durchbruch. Die profane Malerei, die mythologische, allegorische und historische

Themen bevorzugte, entwickelte sich insbesondere in Krakau, wo der Venezianer T. Dolabelli wirkte. Dieser königliche Serviteur, der nahezu fünfzig Jahre in Krakau verbrachte, verblieb dort auch dann noch, als der Königshof 1595 nach Warschau übersiedelte. Warschau wurde somit zur Hauptstadt der polnisch-litauischen Staatsunion.

Sigismund III. Vasa, der eifrige Katholik, ließ das Warschauer Schloss nach dem Vorbild des spanischen Escorial umbauen. Ab 1611 bis zu den Teilungen Polens war dieses Schloss die Residenz der polnischen Könige. Für seine Gemäldegalerie importierte Sigismund III. Bilder aus Italien und aus der Werkstatt von Rubens, zu der er enge Beziehungen unterhielt. Der Schüler und Mitarbeiter von Rubens van Soutman war sogar Hofmaler Sigismunds und seines Sohnes Władysław, der die von seinem Vater gegründete Hofkapelle auf ein beachtliches künstlerisches Niveau brachte. Das von italienischen Kapellmeistern geleitete Sechzig-Mann-Orchester gehörte zu den größten und besten in Europa. Władysław, der mit Vorliebe italienische Opern aufführen ließ, zeigte auch Interesse an der Bildhauerei. Eines der deutlichsten und dauerhaftesten Ausdrücke seiner künstlerischen Interessen ist die Stiftung der Sigismund-Säule, das spätere Wahrzeichen Warschaus.

Nach dem Vorbild der Könige errichteten die weltlichen und geistlichen Magnaten ihre Residenzen. Das Patriziat der reichen Städte, so vor allem Krakaus und Danzigs, eiferte der adligen Kultur nach. Die Bautätigkeit, die bis 1640 anhielt, veränderte das Bild vieler Städte in Preußen, Großpolen und Masowien.

Die Rathäuser von Danzig, Thorn, Posen und Krakau zeugen davon, wie intensiv das Patriziat die Malerei förderte. Die Kriege gegen die Schweden und Kosaken und die partielle Besetzung Polens verursachten nicht nur den wirtschaftlichen Ruin des polnischen Staates, sondern sie zerstörten auch dessen kulturelle Errungenschaften.

Der Wiederaufbau des Reiches erfolgte schon in der späteren barocken Phase, die in Polen mit dem Namen „Sarmatismus" (Sarmatyzm) bezeichnet wird. Der Sarmatismus, dem ein historischer Mythos zugrunde lag, war eine spezifisch polnische Adelsideologie, die auf eine strikte Abgrenzung zum Geistesleben Westeuropas ausgerichtet war, bei Absage an den zentralistisch ausgerichteten Absolutismus. Der polnische Adel, der die „goldene Freiheit" im dezentralisierten Staat bejahte, war stolz auf sein kulturelles Erbe, das er unbedingt bewahren wollte, und begegnete infolgedessen allen auf Veränderung abzielenden Erneuerungen feindlich. Er überließ das Schulwesen sorglos den Jesuiten und verfiel bald in eine intolerante Haltung gegenüber Andersgläubigen. Auch das Sendungsbewusstsein, als Verteidiger der Christenheit gegen die türkische Gefahr zu gelten, bestimmte diese Ideologie mit. Als Ausdruck der typischen Ansichten eines Landadligen jener Zeit werden die *Tagebücher* (Pamiętniki) von Jan Chryzostom Pasek (ca. 1636–1701) gewertet.[3]

In den im munteren Plauderton gehaltenen Lebenserinnerungen erzählt Pasek von der Regierungszeit dreier Könige (Jan Kasimir, Michal Wiśniowiecki und Jan Sobieski) mit all den Kriegen und inneren Zwistigkeiten des Landes. Pasek, der passionierte Erzähler und Humorist, selbst Kriegsteilnehmer, moralisiert und belehrt nicht, eher gewinnt er, der die Schwierigkeiten des Lebens meisterte, die Bewunderung des Lesers.

Es scheint seine Absicht zu sein, der nachkommenden Generation ein nachahmenswertes Beispiel gesellschaftlichen Verhaltens auf der Grundlage der „goldenen" adligen Freiheit zu geben. Seine durch viele Sprichwörter, Latinismen und reiche Metaphorik gekennzeichnete Sprache wurde gerade im 19. Jh. zum Vorbild vieler Schriftsteller.

Der Hang der Adligen zur Megalomanie offenbarte sich u.a. in der Porträtmalerei, die einen spezifischen Typus des „sarmatischen" Porträts hervorbrachte, das sich durch eine besonders realistische Zeichnung des Kopfes und durch die Exotik der Kleidung auszeichnet.

Unter der großen Anzahl der damaligen Porträtmaler ist die Tätigkeit des Danziger J.D. Schulz, der unter niederländischem und französischem Einfluss stand, hervorzuheben.

Die landlosen Adligen der Ostgebiete, die sogenannten „Exulanten", die nach der Abtrennung der Gebiete des linken Dnjeprufers (mit Kiew) an das Russische Reich auswandern mussten, prägten von nun an das gesellschaftliche Leben Polens durch ukrainische und orientalische Sitten und Gebräuche verstärkt mit. Dieser „Orientalismus" verbreitete sich zunehmend unter Jan III. Sobi-

---

[3] Eine Auswahl erschien in deutscher Sprache unter dem Titel: „Die goldene Freiheit der Polen. Aus den Denkwürdigkeiten Sr. Wohlgeborenen, des Herrn Jan Chryzostom Pasek [17. Jh.]". Ausgew., übers. und erl. von Günther Wytrzens (= Slavische Geschichtsschreiber, Bd. VI). Graz, Wien, Köln 1967.

eski, dem Sieger über die Türken bei Wien. Die Beute aus den Türkenkriegen sowie der Import von Kleidung, Waffen und Nahrungsmitteln aus dem Osten verliehen der polnischen spätbarocken Kultur eine gewisse Exotik, die zur Attraktion für die westlichen Staaten wurde. Die berühmt gewordene Gesandtschaft von Jerzy Ossoliński in Rom (1633), die im Bild des Malers Stefano della Belli festgehalten wurde, war für die ewige Stadt ein Ereignis ersten Ranges. Die prachtvolle Kleidung der Gefolgschaft, insbesondere die der Husaren auf ihren goldglänzenden Pferden, beeindruckte die Einwohner.

Der Höhepunkt des „sarmatischen" Barock: war die „Sachsenzeit", d.h. die Herrschaft der Sachsenkönige, die zwar Polen zum politischen Niedergang, aber auch zu einer wirtschaftlichen und kulturellen Blüte führten. Diese Zeit, die als „Dämmerung und Tagesanbruch" (mrok i świt) bezeichnet wird, wurde ohne übertriebene Ausschmückung detailliert von Jędrzej Kitowicz (1728–1804) beschrieben. Seine *Beschreibung der Sitten der Regierungszeit Augusts III.* (Opis obyczajów za panowania Augusta III.) ist nicht nur eine historische Darstellung, sondern sie zeichnet sich auch durch künstlerische Qualitäten aus, die vor allem in der Erzähltechnik liegen. In der in Umgangssprache gehaltenen realistischen Beschreibung bemühte sich Kitowicz, die Institutionen des polnischen Staates kritisch und humorvoll zu beleuchten.

Die Zeit der verstärkten kulturellen Beziehungen zwischen Polen und Sachsen aufgrund der Personalunion hinterließ Spuren in der Architektonik der Hauptstadt, wo das Sächsische Palais, der Sachsengarten (v. Deybel) und das Sächsische Opernhaus (1725) nach dem Vorbild des Dresdner Opernhauses entstanden sind. Der Dresdner Rokokostil fand Nachahmung in den Städten Krakau, Lemberg und Wilna.

Die kurze Regierungszeit des Aristokraten Stanisław Leszczyński (1733–1735), des späteren Herzogs von Lothringen, wurde u.a. durch das Bemühen gekennzeichnet, an die geistigen Strömungen Frankreichs anzuknüpfen. Einen Versuch dazu unternahm Leszczyński selbst mit der Herausgabe eines politischen Traktats *Die freie, die Freiheit sichernde Stimme* (Głos wolny, wolność ubezpieczający, 1733), das in drei Sprachen (polnisch, französisch, deutsch) erschien und in ganz Europa Aufmerksamkeit erregte. Diese politische Broschüre, die sich an die Gedanken Montesquieus anlehnt, griff die polnische Adelsverfassung an und forderte Reformen vor allem im parlamentarischen System.

Auf die Unzulänglichkeit des Parlamentarismus in Polen wies ebenso der Vorläufer der polnischen Aufklärung, der Piarist Stanisław Konarski, in seiner Schrift *Über die zweckmäßige Art, Rat zu halten* (O skutecznym rad sposobie, 1761–1763) hin. Die Bedeutung Konarskis lag aber in erster Linie in seinen Reformbestrebungen für das Schulwesen. Sein pädagogisches Programm zielte nämlich darauf ab, den Jesuiten den ersten Rang in Bildungswesen streitig zu machen oder sie zumindest zu veranlassen, den Unterricht in ihren Schulen zu reformieren. Daher gab er den modernen Sprachen (französisch, polnisch); den naturwissenschaftlichen Disziplinen und der neuen westeuropäischen Philosophie den Vorrang. Seine Vorstellungen versuchte Konarski trotz erheblicher Widerstände zu realisieren. Überdies leistete er durch den Druck aller Reichstagsbeschlüsse in den so genannten „Volumina Legum" einen entscheidenden Beitrag zur polnischen Geschichtsschreibung.

In der Zeit des *Tagesaufbruchs*, in dem das Schrifttum um das Doppelte anwuchs, entstand 1747 die von dem Gelehrten und Büchersammler Józef Jędrzej Załuski gestiftete erste öffentliche Bibliothek in Warschau. Die Brüder Załuski, die zu deutschen Gelehrten rege Kontakte unterhielten, sind auch als Übersetzer zahlreicher Schriften bekannt.[4] Ihre beiden sächsischen Mitarbeiter, der Bibliotheksverwalter Jan Daniel Janocki (Jähnisch) und W. Mitzler de Koloff, der Gründer der ersten wissenschaftlichen und literarischen Zeitschriften in Polen, erwarben sich um die Entfaltung der polnischen Kultur große Verdienste.

2. Die polnische und lateinische Lyrik

Der Zeitgenosse Kochanowskis M. Sęp-Szarzyński (ca. 1550–1581) wird als Vorläufer der polnischen barocken Poesie angesehen. Szarzyński, der in Wittenberg und Leipzig studierte und sich dort mit reformatorischen Gedanken auseinander setzte, wandte

---

[4] Über die Tätigkeit der Załuski-Brüder und über ihre Beziehungen zu den deutschen Gelehrten vgl. Heinz Lemke: Die Brüder Załuski und ihre Beziehungen zu Gelehrten in Deutschland und Danzig (Studien zur polnischen Frühaufklärung). Berlin 1958.

sich nach einer Glaubenskrise vollends dem Katholizismus zu, was sich auch in seinen *Polnischen Rhythmen und Versen* (Rytmy abo wiersze polskie, 1601) niederschlug. Seine religiöse „intellektuelle" Lyrik, die sicherlich aus der tiefen Frömmigkeit des Autors resultiert, enthält Überlegungen über die schicksalhafte Seite der menschlichen Existenz in ihrer Beziehung zu Gott, wobei er sich ihrer Doppelsinnigkeit durchaus bewusst war.

Formal beschränkte sich Szarzyński nicht nur auf die Gattung des Psalms, sondern er versuchte sich — und das mit Erfolg — in der viel schwierigeren Form des Sonetts. In den Sonetten herrscht die Thematik der Marienverehrung deutlich vor.

Doch die religiöse Dichtung der Barockzeit ging nicht den von Szarzyński aufgezeigten Weg. Vielmehr zeigte sie mystische (S. H. Lubomirski), moralische (Wacław Potocki) und starke emotionale (Wespazjan Kochowski) Züge. Dabei freilich erfuhr die aus dem Sarmatismus kommende Richtung Kochowskis, die auf die Erweckung von Emotionen ausgerichtet und dadurch am weitesten von den spekulativen Ansätzen Szarzyńskis entfernt war, die größte Verbreitung. Kochowski, der sich auch der Pflege des Marienkultes widmete, stellte in seinen religiösen Gedichten der Größe Gottes die Nichtigkeit des Menschen gegenüber.

Innerhalb der religiösen Dichtung der barocken Zeit entwickelte sich weiterhin u.a. die Form des Weihnachtsliedes (Kolęda), wobei sich Kasper Twardowski und Jan Żabczyc besondere Verdienste erwarben. Während sich Twardowskis *Krippe Jesu* (Kolebka Jezusowa, 1630) wegen ihrer Triptychon-Gliederung durch formale Originalität auszeichnet, heben sich die *Engel-Sinfonien* (Symfonie anielskie) von Żabczyc durch Elemente der Volkspoesie und den scherzhaften Ton der laistischen Passagen hervor.

Der wohl bedeutendste Vertreter der barocken Poesie in Polen war der talentierte Höfling und französische Agent Jan Andrzej Morsztyn (1620–1693). Dieser Kenner der französischen und italienischen Literatur hinterließ zwei Gedichtsammlungen: *Hundstagferien, oder der Stern des Hundes* (Kanikuła, albo psia gwiazda, 1647) und die *Laute* (Lutnia, 1661), die unverkennbar Züge des Marinismus tragen. Die Epigramme, Sonette und Madrigale, die z.T. Übersetzungen oder Nachahmungen von Gedichten Marinis, des italienischen Dichters und Begründers des Marinismus sind, enthalten meist erotische Motive, wie z.B. das Sonett *Auf das Kreuz auf dem Busen einer Dame* (Na krzyżyk na piersiach jednej panny), in dem Morsztyn eine Verbindung zu religiösen Motiven herstellt:

> O święta mego przyczyno zbawienia!
> Któż cię wzniósł na tę jasną kalwaryjną...
> Nie dziw, że zmarli podnoszą się w grobie,
> Widząc, jak kiedyś ten, co żywot daje,
> Krzyż między dwiema wystawił łotrami.

(O heiliger Grund meiner Erlösung! Wer hat Dich auf den hellen Kalvarienberg erhoben. Kein Wunder, dass die Verstorbenen sich im Grabe drehen, wenn sie sehen, wie derjenige, der das Leben schenkt, zwischen zwei Schurken das Kreuz aufgerichtet hat.)

Morsztyns Meisterschaft lag eindeutig in der kurzen Form, wie das aus dem folgenden Epigramm hervorgeht:

> Stolarz z doktora
> Przedtem chorych dobijał, teraz trumny robi
> Tak dwojakim rzemiosłem jeden cmentarz zdobi.

(Aus einem Doktor wird ein Tischler. Früher richtete er die Kranken zugrunde, jetzt macht er die Särge. So schmückt er mit zweierlei Handwerk einen Friedhof.)

Neben der von Morsztyn gewählten Form des „höfischen" Epigramms, die auf Kochanowski zurückgeht, entwickelte sich noch eine andere Variante, die eher Rej verpflichtet war.

Die Epigramme von Potocki und Kochowski, die sowohl Situationskomik und Calembour als auch durchaus ernsthafte, politische Motive enthalten, gehören dieser „landadligen" Tradition an. Beide Schriftsteller griffen u.a. die Verfassungspraktiken des polnischen Parlamentarismus in ihren Epigrammen an; das „liberum veto" bot nämlich jedem einzelnen Abgeordneten die Möglichkeit die Reichstagsbeschlüsse zu verhindern. So heißt es z.B. bei Kochowski in dem Epigramm *Dixit et facta sunt*:

> Bóg słowem, 'stani się!' stworzył świat ten i my
> Też słowem 'Nie pozwalam' Polskę rozwalimy.

(Gott schuf diese Welt mit den Worten 'Es soll geschehen!', und wir zerstören Polen mit den Worten 'Ich erlaube es nicht'.)

Und auch bei Potocki entdeckt man denselben Gedanken in *Veto oder ich erlaube es nicht* (Veto albo nie pozwalam):

biada to, gdy zły nie pozwala
Na dobre i tym słówkiem ojczyznę rozwala.

(Jämmerlich ist es, wenn ein Böser das Gute nicht erlaubt und mit diesem Wörtchen das Vaterland zerstört.)

Die lateinische Abart der barocken Lyrik in Polen ist mit der schriftstellerischen Tätigkeit des Jesuiten Maciej Kazimierz Sarbiewski (1595–1642) verbunden. Sarbevius, den man auch den „christlichen Horaz" nannte, studierte in Rom und wurde dort von Papst Urban VIII. für sein dichterisches Können geehrt. Nach seiner Rückkehr nach Polen wurde er Hofprediger Wladyslaws IV. und versuchte im Sinne der päpstlichen Politik den König von der Notwendigkeit eines Angriffs gegen die Türken zu überzeugen. Seine Gedichtsammlung, die in Köln erschienen ist, sicherte ihm Anerkennung im In- und Ausland. Die ausschließlich in Latein verfassten Oden und Epigramme sind nicht nur von religiösem Geist getragen, sie enthalten auch meisterhafte Naturschilderungen und berühren aktuelle politische Themen, wie die Siege der Polen über die Türken. Sarbiewski setzte sich auch theoretisch mit der dichterischen Technik auseinander und lehrte als Professor für Poetik in den Jesuiten-Schulen. Sein Werk *De perfecta poesia* (1619–1629) war bis ins 18. Jh. für die Schüler der Jesuiten-Kollegien richtungweisend.

Obwohl die lateinische barocke Lyrik einen gewissen Weltruhm erreichte, ist ihre Bedeutung für die polnische Literatur von geringem Wert.

3. Das historische Epos

Neben der kleinen Form des Epigramms spielte in der barocken Literatur das Epos eine dominierende Rolle.

Auf die Entstehung dieser epischen Gattung in Polen wirkten sowohl die aus dem Mittelalter tradierte Chronographie als auch die Memoirenliteratur und nicht zuletzt die sarmatische Adelsideologie, die bestrebt war, den gegenwärtigen Zustand der „goldenen Freiheit" den nachkommenden Generationen als Leitbild zu vermitteln.

Direkte Anregungen zur Entwicklung des Epos in Polen gingen schließlich von dem Ritterepos *La Gerusalemme liberta* von T.

Tasso aus, das Piotr Kochanowski ins Polnische übersetzte. Dieses Werk, das den Titel *Gottfried oder das befreite Jerusalem* (Goffred albo Jeruzalem wyzwolona) trägt, erlebte allein im 17. Jh. drei Auflagen (1618, 1651, 1687). Durch die engen Beziehungen zwischen dem behandelten Stoff des Ritterepos und der tatsächlichen politischen Situation Polens hinsichtlich der Türkenkriege sowie durch die Gleichsetzung der Ritterideale von Größe und Ruhm mit denen der sarmatischen Ideologie erfüllte dieses Werk gleichsam die Funktion eines Nationalepos und gab somit den Schriftstellern den entscheidenden Anstoß zu ähnlichen literarischen Darbietungen.

Neben seinem *Commentarius belli adversus Turcas ad Viennam et in Hungaria anno Chr. 1683 gesti* (Krakau 1684) und seinem unvollendeten Poem *Das Werk Gottes oder die Lieder des Erlöses* (Dzieło Boskie abo pieśni wybawionego) schrieb der Landadlige Wespazjan Kochowski (1633–1700) die *Polnische Psalmodie* (Psalmodia Polska, 1693), die eine besondere Synthese von religiösen und historischen Motiven darstellt. Die polnische Hilfeleistung während der Belagerung Wiens 1683 unter Jan Sobieski nahm Kochowski zum Anlass, seine moralischen Vorstellungen in die geschichtlichen Ereignisse einzubetten, wobei sich häufig die Realität und Irrealität vermischen. Wichtig erschien dem Autor nicht so sehr, kriegerische Auseinandersetzungen zu verfolgen, als vielmehr den polnischen Herrscher in der Erfüllung seiner Weltmission zu schildern, die in der Verteidigung des Christentums gegen die heidnischen Türken bestand.

In seinen historischen Psalmen, die in rhythmischer Prosa verfasst sind, versuchte Kochowski einen Abriss der Geschichte Polens unter dem Aspekt der Beziehung zu Gott, d.h. zur Kirche, zu zeichnen. Die Schuld an der katastrophalen Lage der *Rzeczpospolita* ist, seiner Meinung nach, dem Hochmut der Polen zuzuschreiben.

In dem Zyklus der moralisierenden Psalmen ist er der Überzeugung, dass allein das Gewissen eines jeden Polen die politischen und sozialen Angelegenheiten im Staat regeln könne.

Das erst 1850 entdeckte historische Epos *Der Chocimer Krieg* (Wojna Chocimska) des vermögenden Landadligen Wacław Potocki bedeutete eine Weiterentwicklung der polnischen barocken Epik und machte zugleich posthum den Verfasser zu einem der größten Dichter des Barock in Polen.

In der Schilderung des *Chocimer Krieges*, in dem das polnische Heer tapfer über vier Wochen lang: der türkischen Übermacht unter dem Sultan Osman II. standhielt, lehnte sich Potocki im Wesentlichen an die Aufzeichnungen des Kriegsteilnehmers Jakub Sobieski an. Er erzählt von Lagerleben, Feldzug und Schlacht, wobei er die Person des gefallenen Hetmann I. Karol Chodkiewicz heroisiert.

Die Originalität dieses Werkes besteht in der Vereinigung von moralisierenden, satirischen und epischen Elementen. Die kritischen Bemerkungen des Autors über den Zustand des polnischen Reiches und die Verurteilung der Adelsoligarchie sowie der kosmopolitischen Haltung des hohen Adels unterbrechen zwar den flüssigen Erzählton, vermitteln aber den Eindruck einer authentischen Darstellung.

Potockis Interesse an der Geschichte führte ihn zu der Erstellung eines Wappen-Verzeichnisses (Poczet herbów, 1696), das als einziges Werk zu seinen Lebzeiten veröffentlicht wurde. Potocki ist außerdem als Übersetzer des allegorischen Epos von John Barclays *Aremid* bekannt, dessen Thematik er z.T. polonisierte, um sich auf diese Weise für die notwendigen Reformen in Polen einzusetzen.

Zu den Schriftstellern jener Zeit, die historische Epen verfassten, zählte auch Samuel ze Skrzypny Twardowski (ca. 1600–1660), der dem Kleinadel entstammte. Auch Twardowski beschäftigt sich in seinen Werken mit der Zeitgeschichte – eines der Hauptthemen sind die Kriege, die um die Mitte des 17. Jh. sein Land heimsuchten. Bei der Niederschrift seiner historischen Epen stützte er sich u.a. auf zeitgenössische Berichte, verschiedene Flugblätter und seine eigenen Erlebnisse.

Seine Tagebuchnotizen über die Reise nach Konstantinopel, die er als Sekretär des Fürsten Zbaraski unternahm, verwertete er in seinem ersten historischen Epos mit dem Titel *Gewichtige Gesandtschaft des hochgebildeten Fürsten Christoph Zbaraski* (Przeważna Legacyja Jaśnie Oświeconego Księżęcia Krzysztofa Zbaraskiego, 1633). Der formalen Einteilung des Werkes in fünf Gesänge liegt der gesamte Ablauf dieser historischen Gesandtschaft, die den Chocimer Friedensvertrag aushandelte, zugrunde: Reisevorbereitung, Reise, Ankunft, Verhandlungen, anschließende Abfertigung und Rückkehr. Die starke Hervorhebung der Gestalt seines Gönners, des Fürsten Zbaraski, macht deutlich, dass Twardowskis Anliegen darin bestand, diesem Fürsten ein Denkmal für die Nachwelt zu setzen. Auflockerung in dieser „Reisebeschreibung" bringen lediglich die Dialoge, die den Erzählgang unterbrechen.

Sein zweites, unvollendet gebliebenes historisches Epos *Ladislaus IV. König von Polen und Schweden* (Władyslaw IV. Król Polski i Szwedzki, 1649) widmete Twardowski der Jugend dieses Königs. Einen großen Teil der in vier Abschnitte eingeteilten Erzählung nimmt die Kriegsdarstellung ein, wobei der König stets als tapferer Heerführer gezeigt wird. Twardowskis Neigung zur Ornamentalik, die er durch eine Vielzahl von Gleichnissen erzielt, hebt dieses Epos in stilistischer Hinsicht von denen seiner Zeitgenossen ab.

Der Kosakenaufstand unter Bohdan Chmel'nickyj sowie die Kriege gegen die Schweden und das russische Reich während der Regierungszeit Johann Kasimirs gaben Twardowski genug Stoff zu seinem dritten historischen Epos, das 1681 posthum erschien. In diesem Werk, mit dem Titel *Bürgerkrieg gegen die Kosaken und Tataren* (Wojna domowa z Kozaki i Tatary), schrieb der Autor dem König als epischem Helden nur eine formale Funktion zu; denn dieses Epos ist in erster Linie eine chronologisch gegliederte Kriegserzählung mit detailliert beschriebenen technischen Problemen des Krieges wie Ortsgegebenheit, Schlachtordnung, Truppenstärke usw. Im Unterschied zu den vorangegangenen historischen Epen kommt die Meinung des Erzählers besonders in den pathetischen Passagen deutlich zum Vorschein. Daraus lässt sich auf die vom Sarmatismus geprägte Haltung des Autors schließen.

In allen drei Epen Twardowskis macht sich die Tendenz bemerkbar, das Stoffliche auf den politisch-militärischen Bereich einzuengen. Von den Zeitgenossen wurden die historischen Epen, die im dreizehnsilbigen Versmaß geschrieben sind, mit großer Begeisterung aufgenommen. Es wurden mehrere Auflagen notwendig. Die Epen trugen dazu bei, dass man den populären Twardowski als polnischen Homer verehrte. Seine hohe Wertschätzung ergibt sich z.T. auch durch seine ausgezeichnete Satire *Satyr auf dem Antlitz der Republik* (Satyr na twarz Rzeczpospolitej, 1640) und durch die Veröffentlichung seiner beiden Romane in Versen *Die anmutige Pasqualina* (Nadobna Paskwalina, 1655), die auf eine spanische Vorlage zurückgeht, und *Daphne der Lorbeerbaum* (Dafnis drze-wo bobkowe, 1638), eine sich an Ovid anlehnende mythologische Idylle, die auch Liebesmotive aus Tassos berühmtem Ritterepos enthält.

Daraus wird ersichtlich, dass Tassos Einfluss sich nicht nur auf die Gattung der historischen Epen beschränkte, obwohl eingeräumt werden muss, dass seine Wirkung dort am stärksten war. Spuren dieser Ausstrahlung lassen sich auch in den anonymen historischen Epen feststellen, wie z.B. in dem umfangreichen Werk *Belagerung des Klosters Tschenstochau* (Oblężenie Jasnej Góry Częstochowskiej), das sich durch hohe künstlerische Qualität auszeichnet. Die historischen Epen des polnischen Barock kennzeichnen unmittelbarer zeitgenössischer Bezug in der Wahl der Stoffe und die nationale, die vom Sarmatismus geprägte Adelsideologie.

4. Die politisch-soziale Satire

Der barocke nationalpolnische „Historismus" spiegelt sich auch in den Satiren wider, die gerade im 17. Jh. zur vollen Ausprägung gelangten und eine Art von Ergänzung der historischen Epen darstellen. Die heimische Tradition, die auf Kochanowski zurück geht und die Vorbilder der Antike begünstigten die Entstehung dieses epischen Genres.

Zu den bekanntesten Satiren jener Zeit gehört Twardowskis *Satyr auf dem Antlitz der Republik* in der die Hauptfigur lediglich die moralisch-didaktische Aufgabe zufällt, dem Adel Vorhaltungen wegen seines privaten und gesellschaftlichen Lebens zu machen. Der Satyr, der Bewohner einer Laubhütte in den Beskiden, wirft dem Adel Trunksucht, übermäßigen Aufwand, falsche Erziehung der Kinder, Mangel an patriotischen Gefühlen, nutzlose Reichstagsreden, den vorzeitigen Abbruch der Reichstagsdebatten aus nichtigen Gründen, Feindseligkeit den Reformern gegenüber und Bestechlichkeit der hohen Richter vor.

Auch in diesem Werk bringt Twardowski die Überzeugung zum Ausdruck, dass die Lösung dieser Probleme von der ethischen Qualität der Adligen abhängig sei. Die in dreizehnsilbigen Versmaß geschriebene Satire versah der Autor mit zahlreichen Beispielen und Anekdoten, die den Geschmack des damaligen Lesers trafen. Sie erreichte eine überdurchschnittliche Popularität, wie es die zweimalige Neuauflage und zahlreiche Nachahmungen beweisen.

So weist z.B. Andrzej Rysiński in seiner Satire *Der polnische Satyr auf dem höfischen Antlitz* (Satyr polski na twarz dworską, 1640), die ihre Spitze gegen das höfische Leben richtet, ausdrücklich auf seinen Vorgänger Twardowski hin. Ähnlichkeiten mit der Satire Twardowskis lassen sich außerdem auch in dem anonymen Werk *Schmachtender Satyr geht aus der Wüste auf das helle Feld hinaus* (Satyr stęskniony z pustyni w jasne wychodzi pole, 1670) feststellen.

Durch hohe formale und inhaltliche Originalität zeichnet eine andere anonyme Satire mit dem Titel *Der Satyr aus dem Vorgebirge erschienen im Jahre 1654* (Satyr podgórski w roku 1654 zajawiony) aus. Der Autor verzichtete in diesem Werk auf den Monolog der Hauptfigur zugunsten des Dialogs. Auf diese Weise knüpfte er an die altpolnische Dialog-Tradition an. Er machte überdies auf die damals akute und drückende Bauernfrage aufmerksam.

Diese Frage behandelt auch in seinem Werk *Satiren oder Warnungen, zu einer Besserung der Regierung und der Sitten in Polen* (Satyry albo przestrogi do naprawy rządu i obyczajów w Polsce, 1650) der Wojewode von Posen, Krzysztof Opaliński (1590–1656), der Großpolen den Schweden kampflos überließ und sich dadurch des Verrats schuldig machte. Dieser mächtige Magnat, der im Mittelpunkt des politischen Lebens stand, war vielseitig talentiert und gebildet. Nachhaltig wirkte auf ihn die Begegnung mit dem tschechischen Reformator und Pädagogen J.A. Comenius, der damals gerade in Polen weilte. Sein Satirenzyklus, der in mehreren Auflagen anonym erschien, stellt weder formal noch inhaltlich eine Einheit dar. Neben Anspielungen auf die ökonomische Bedeutung der Städte für die Einnahmen des Adels —„Eine einzige Stadt bringt mehr Einkommen als viele Dörfer" — werden Hinweise auf die unerträgliche Lage der leibeigenen Bauern gegeben, wie der folgenden Passage zu entnehmen ist:

Rozumiem, że Bóg Polski za nico nie karze więcej,
jako za poddanych srogą opresją
I gorzej niż niewolą –jakoby chłop nie był
bliźnim nie tylko twoim, ale i człowiekiem.

(Ich glaube, dass Gott Polen für nichts härter straft als für die schwere Unterdrückung der Leibeigenen, die schlimmer ist als die Sklaverei – als ob der Bauer nicht nur nicht dein Nächster, sondern überhaupt kein Mensch wäre.)

Die Beseitigung der Misere im polnischen Staat durch soziale, ökonomische und politische Reformen kann seiner Meinung nach nur in Verbindung mit der Erziehung der Gesellschaft gelingen. Dieser programmatische Zug seiner Werke führt bisweilen dazu, dass die humorvollen, realistischen Betrachtungen des Autors in den nüchternen Ton eines politischen Traktates überwechseln oder dass die Kritik in ihrer Schärfe durch eine angehängte Anekdote neutralisiert wird.

Schon wegen der stilistischen Annäherung an die adlige Umgangssprache, die zu dieser Zeit von „Makkaronismen" und zahlreichen sprichwörtlichen Ausdrücken geprägt war, verzichtete Opaliński auf den Reim. Er wählte den „weißen" Vers, den einst Kochanowski angewendet hatte; denn – wie er schreibt: „Selbst der Deutsche sagt: Wahrheit ist es, obwohl reimlos" (Bo Niemiec sam mówi: Prawda, chocia nie rym). Zwar knüpfte Opaliński in seinen Satiren an römische Vorbilder, wie Horaz und Juvenal an, doch erst sein Bruder Łukasz Opaliński (1612–1662) schuf in Polen den Typus der klassischen menipeischen Satire.

In seiner Satire *Etwas Neues* (Coś nowego, 1652), die inhaltliche Übereinstimmungen mit den Satiren seines Bruders Krzysztof aufweist, versucht er mit Mitteln des Dialogs gesellschaftspolitische Probleme aufzuzeigen. Der Erzähler bleibt meist im Hintergrund. Łukasz Opaliński berührt in seiner Satire vor allem die verfassungspolitischen Unzulänglichkeiten des polnischen Parlamentarismus, die sich in Missbräuchen der „goldenen Freiheit", in dem „liberum veto" offenbaren, wie das aus der folgenden Wendung hervorgeht: „Zum Beispiel im Reichstag steht es jedem frei, sein Vaterland untergehen zu lassen" (Na przykład na sejmie każdemu wolno zgubić ojczyznę). Łukasz Opaliński war ein guter Humorist, wie diese Szene zeigt:

> 'Dominus
> Vobiscum, chłopcze, cóż to za pani?' A chłopiec:
> 'Et cum spiritu tuo, pani Gemsicka to.'
> A ksiądz, obracając się: 'Oremus nadobna.'

> ('Dominus vobiscum, Junge, was ist das für eine Frau?' Und der Junge: 'Et cum spiritu tuo, das ist Frau Gemsicka.' Und der Priester, indem er sich umdreht: 'Oremus, Schöne.')

Durch die kurzen, eingeflochtenen Dialoge erreichte der Verfasser einen hohen Grad an Lebendigkeit, obwohl manche Passagen Beziehungen zu den historischen Epen aufweisen, so etwa die Beschreibung der Hauptfigur, des Hieronymus Radziejowski, dem Opaliński u.a. die Schuld an einer Kriegsniederlage zuspricht. Diese Satire wird deshalb als eine öffentliche Abrechnung angesehen, mit dem Ziel, den Kanzler Radziejowski mundtot zu machen. Dieses hervorragende Werk von Łukasz Opaliński diente sicherlich als Vorbild für eine andere Satire, die unter dem Titel *Affe-Mensch in den Tugenden, Sitten und der Kleidungsform* (Małpaczłowiek w cnotach, obyczajach i kroju, 1715) anonym erschienen ist. Aus diesem Werk der „Sachsenzeit", das bisweilen in seiner Tonart an eine Predigt, manchmal sogar an ein moralisches Traktat erinnert, spricht die typisch „sarmatische" Adelsstimme. Die Antipathie gegen den hohen Adel wegen seiner unsittlichen und gesetzlosen Lebensführung wird ebenso spürbar wie die Feindlichkeit dem Sachsenkönig gegenüber, wie es folgender Grabinschrift zu entnehmen ist:

> Tu leży wielki król honorem wszędy,
> A dusza jego, diabeł sam wie kędy.

(Hier ruht ein überall geehrter König; aber seine Seele, weiß allein der Teufel, wo sie ist.)

Der Verfasser dieser Satire, der oft der glänzenden Vergangenheit Polens den gegenwärtigen Untergang gegenüberstellt, sieht die „Wiedergeburt" des Staates ebenfalls in der Verbesserung der Sitten der Adelsgesellschaft, wobei die Gleichheit des ganzen Adelsstandes von den Gesetzen respektiert werden soll. In der „Sachsenzeit" macht sich die stärkere Hinwendung der Satire zu den gesellschaftspolitischen Fragen bemerkbar. Davon zeugt z.B. die Satire *Ehrenstandpunkt* (Punkt honoru, 1749) von A.S. Dembowski, die zwar auf ein öffentliches Ärgernis, die Ermordung des Lubliner Wojewoden hinweisen soll, sich jedoch vor allem der Entlarvung des Ehrverständnisses der einzelnen sozialen Schichten widmet. Dabei werden die Dehnbarkeit dieses Begriffs und die Relativität der Normen in den Vordergrund gestellt.

5. Das Theater

Nachdem das nicht instituierte Theater während der Gegenreformation zurückgedrängt worden war, beschränkte sich das Theaterleben in Polen auf den königlichen Hof, die Adelshöfe und die Ordensschulen. Nach der Commedia dell'arte gastierte bereits 1616 am Hofe des Königs Sigismund III. die englische Theatertruppe von J. Green, die sich auf dem Wege von Danzig nach Deutschland befand. Green, der sich verpflichtete, die Stücke in deutscher Sprache aufzuführen, spielte Dramen von Shakespeare, Chr. Marlowe, T. Dekker und T. Heywood.

Das Interesse an der Oper bewog Władysław IV. schließlich, 1637 in Warschau einen Saal (sala del teatro) zum Zweck theatralischer Darbietungen einzurichten. Die überlieferten Libretti und Inhaltsangaben der dort aufgeführten Stücke lassen auf effektvolle, nichtdialogisierte Formen szenischer Handlungen mit mythologischer Thematik schließen. Die sporadischen Aufführungen von Theaterstücken am Hoftheater, die auf eine literarische Vorlage zurückgehen, weisen auf das Bemühen hin, sich der westeuropäischen Tradition anzuschließen. Davon zeugen die Übersetzungen von Dramen Tassos, Guarinis, Corneilles und Racines.

Dass auch während der Barockzeit an den Magnatenhöfen Theater gespielt wurde, zeigen die Komödien von S. H. Lubomirski. In den Dramen bedient sich der Verfasser einerseits der Konstruktionsschemata der italienischen Komödie, andererseits scheut er sich nicht, Elemente der heimischen „Eulenspiegelliteratur" aufzugreifen.

Während sich das Hoftheater auf großzügige materielle Zuwendungen stützen konnte, waren die mittleren Adelshöfe weiterhin auf Wandertruppen angewiesen; oft wurden zudem für ihre Theaterveranstaltungen mittellose Schriftsteller der „Ribalten-Bruderschaft" verpflichtet, die überdies mit erzieherischen Aufgaben betraut wurden. Wie aus dem Text der Farce *Der Bauer als König* (Z chłopa król, 1637) des Piotr Baryka, hervorgeht, herrschte um diese Zeit an den Adelshöfen eine „Theatromanie"; bei verschiedenen Gelegenheiten wurden Komödien gespielt, deren Verfasser entweder unbekannt blieben oder sich eines Pseudonyms, wie A. Paxillus oder P. Pochlebca, bedienten. Selbst der Name ‚Baryka' scheint das Pseudonym eines in den Diensten eines Mäzens stehenden Schriftstellers zu sein. Zwar wird in Barykas

Farce der Bauer das Opfer der Intrige, doch in den Zwischenspielen übt er Kritik an den sozialen Zuständen.

Das 1687 in Warschau von den Jesuiten eigens für das Schultheater errichtete Gebäude lässt erkennen, wie wichtig der Orden dieses Medium nahm. Die Jesuitenbühnen, die nach wie vor die dominante Rolle in polnischen Theaterleben spielten, führten ihrem Ziele gemäß lateinische und polnische Dramen religiösen Inhalts auf. Diese in Form der Dialoge und Moralités verfassten Stücke wurden oft als „Tragediae" bezeichnet. Beide dramatischen Gattungen enthielten in der Regel in polnischer Sprache geschriebene Choreinlagen oder Zwischenspiele. Das Intermedium *Bauernklagen über die Herren* (Lamęt chłopski na pany) der anonymen Moralités *Antitemius*, das die soziale Lage der Bauern behandelt, macht sichtbar, dass der Klerus durchaus kritische Anmerkungen vortrug, wie die folgende Passage verdeutlicht:

> Bieda nam wielka na te nasze pany,
> Prawie nas łupią z skory jak barany,
> Nigdy z pokojem człowiek nie usiędzie
> Chyba co złego przy piwie zabędzie.
> Przyjdzie powszedni dzień, robić do dwora,
> Przyjdzie dzień święty, siedzieć do gąsiora.

(Wir haben große Klagen über unsere Herren. Sie schinden uns wie die Schafe. Nie kann sich ein Mensch in Ruhe hinsetzen, außer, wenn er beim Bier das Böse vergisst. Kommt der Wochentag, geht's arbeiten auf den Gutshof. Kommt der Festtag, geht's sitzen in den Pranger.)

Ihre dramaturgische Tätigkeit setzten die Jesuiten über die „Sachsenzeit" hinaus bis zu der zeitweiligen Liquidierung des Ordens (1773) fort. Bis zu dieser Zeit mussten sie allerdings mit dem Piaristenorden konkurrieren. Die Piaristen, die in ihren Kollegien dem französischen Einfluss verpflichtet waren, fanden in Konarski, der selbst ein Drama schrieb, einen Erneuerer und Förderer des Theaterlebens. Bei der Reorganisation ihrer Bühnen folgten sie den französischen Ordensbrüdern des Pariser Colleges.

Aber erst in der „Sachsenzeit", in der u.a. 1725 in Warschau das Sächsische Opernhaus entstanden war, lassen sich Ansätze einer neuen Richtung des spätbarocken Dramas erkennen. Die Anregungen dazu kamen aus dem Hoftheater des hohen Adels, das ähnlich wie die Piaristenbühnen unter französischem Einfluss stand.

So verfasste die Fürstin Urszula Radziwiłł (1705–1763) für ihr Privattheater u.a. drei Paraphrasen auf Komödien Molières. Auch die Komödien *Sonderling* (Dziwak, 1760) und *Aufdringling* (Natręt, 1759) von Wacław Rzewuski (1706–1779), gehen auf Molière zurück. Doch Rzewuski konnte sich dem sarmatischen „Historismus" nicht entziehen und wählte für seine Tragödien Stoffe aus der polnischen Geschichte. Seine Dramen *Żółkiewski* (1758) und *Ladislaus bei Warna* (Władysław pod Warną, 1760) gaben den ersten Anstoß zu einem national geprägten Schauspiel.

6. Die Sprache

Während des Barock erfuhr die polnische Schrift- und Umgangssprache entscheidende Veränderungen, die sich bis auf die heutige Sprache ausgewirkt haben.

Die langen Kriege, vor allem an der Ostgrenze des polnischen Reiches, die Gefangenschaft und die Flucht des Adels aus den Ostgebieten hinterließen Spuren in der Lexik der Umgangssprache. Die zahlreichen Ukrainismen und Russizismen, aber auch die Übernahme von militärischen Fachausdrücken des türkisch-tatarischen Sprachraumes („bachmat" für „Pferd", „baczmagi" für „Stiefel", „horda" für „Horde") bereicherten den Wortschatz der polnischen Sprache. Einige der Schriftsteller, die entweder an den Kriegen teilnahmen oder aus den östlichen Gebieten stammten und in ihren literarischen Werken, vor allem in den historischen Epen, auf Authentizität und Lokalkolorit bedacht waren, führten bis dahin unbekannte Wendungen und Lexeme in die polnische Schriftsprache ein.

Nach wie vor prägten auch die Höfe des hohen Adels, die den westeuropäischen Einflüssen offen standen, die sprachliche Entwicklung entscheidend mit. Die Magnaten, die mit ihrer Begleitung weite Auslandsreisen unternahmen, bezogen fremde Ausdrücke für Speisen, Kleidung und modische Neuerscheinungen, wie z.B. die italienische „Karosse", in ihren Sprachgebrauch ein. Ebenfalls die französischen Einflüsse, die von dem polnischen, durch französische Kultur stark geprägten Königshof ausgingen, hinterließen sprachliche Spuren.

Außerdem machte sich das obligatorische Latein der Jesuitenschulen im Wortschatz des Kleinadels bemerkbar, so dass schließlich die Phraseologie durch stilistische Eigenheiten des Makkaronismus'[5] geprägt war. Dabei leistete der Jesuit Grzegorz Knapa (Cnapius oder Knapski, 1564–1639) mit seinem *Thesaurus Polono-Latino-Graecus* (1621), einem vergleichenden phraseologischen Wortschatz und mit seiner *Adagia Polonica* (1632), einem polnischen Wörterbuch mit lateinischen und griechischen Entsprechungen, diesem Prozess Vorschub.

In dem bunten Sprachbild, das später aber als Sprachverfall betrachtet wurde, sind manche hervorragende Werke später der Vergessenheit anheimgefallen. Selbst die Elemente der Volkssprache vermochte diese Werke nicht vor der Verurteilung durch die Klassizisten und Romantiker zu bewahren.

Gegen die stilistische Manieriertheit des Makkaronismus' wollte dann Konarski ankämpfen, der in seinem Werk *De emendantis eloquentiae vitiis* (1741) Regeln schuf, die sich an der „natürlichen" Redekunst orientierten. Trotz heftiger Polemik seitens der Jesuiten war er bestrebt, diese Regeln in den Piaristen-Kollegien durchzusetzen. Auf diese Weise traf er eine Endscheidung, die auf die Veränderung des sprachlichen Zustandes hinzielte.

Sein Ordensbruder Onufry Kopczyński (1735–1817) unternahm später in seiner *Grammatik für die Volksschule* (Gramatyka dla szkół narodowych, 1778) den Versuch, die sprachlichen Normen zu systematisieren, und ungeachtet der lateinischen Muster und Zwänge legte er den Grundstein zu einer modernen Schriftsprache. Auch im Bereich der Versifikation lassen sich neue Formen, unter den Nachfolgern Kochanowskis entdecken, wie z.B. die Einführung der italienischen Oktave und des Sonetts oder der kühne Versuch Kochowskis, die Prosa zu rhythmisieren.

---

[5] Unter Makkaronismus wird ein übermäßiger Gebrauch von Entlehnungen verstanden. Die Entlehnungen werden meist in ihren grammatischen Formen unverändert übernommen, und obendrein werden eigene Ausdrücke nach den Normen der Sprache gebildet, aus der die Entlehnungen stammen. In der Regel bezieht sich dieses stilistische Phänomen auf die Vermischung der jeweiligen Landessprache mit dem Lateinischen.

KLASSIZISMUS

1. Die Kulturpolitik zur Zeit Stanisław Augusts

Die Zeit der Aufklärung in Polen begann während der Regierungszelt des letzten polnischen Königs Stanisław August Poniatowski (1764–1795) und endete im zweiten Jahrzehnt des 19. Jh., als der polnische Staat bereits nicht mehr existierte. Die kulturelle Entwicklung verlief aus ideologischen, sozialen und politischen Gründen anders als in Westeuropa. Die Ohnmacht des polnischen Staatsapparates, die Bedrohung des Landes durch die Nachbarstaaten, die politische Schwäche des Bürgertums und die sarmatische Adelsideologie verleihen der polnischen Kultur der Aufklärung eine besondere Prägung. Um der drohenden politischen Katastrophe zu entgehen, veranlasste der König umfangreiche Reformen, die vor allem die Verfassung, das Heer, die Wirtschaft und die Bildung betrafen. Das Verbot des Jesuitenordens gab 1773 den Anlass zur Schaffung einer „Kommission für das nationale Bildungswesen" (Komisja Edukacji Narodowej), die mit einheitlichen Schulbüchern die aufgeklärte Liberalität propagieren und die erstarrten Akademien von Krakau und Wilna reformieren sollte. Ihr oblag die Aufsicht über die 74 höheren Schulen. Zudem wurde sie mit der Aufgabe betraut, das Elementarschulwesen aufzubauen. Bei den von der Kommission erarbeiteten Richtlinien lassen sich unverkennbar Beziehungen zu den pädagogischen Vorstellungen französischer Denker, so vor allem zu J.J. Rousseau feststellen. Der Philosoph Condillac wurde sogar von der Kommission beauftragt, ein Lehrbuch der Logik zu verfassen.

Aber auch englische Vorbilder gaben Anregungen zur Gestaltung des öffentlichen Lebens, namentlich der Publizistik.[6] Dank der Initiative des Königs entstand nach dem Muster von Addisons *The Spectator* die Zeitschrift *Monitor* (1765 bis 1788), das Sprach-

---

[6] Vgl. dazu Kurt Georg Hausmann: Die politischen Begriffe und Wertungen in der polnischen Aufklärung. Zum Selbstverständnis der Polen in ihrer Reformpublizistik am Ende der Adelsrepublik [zweite Hälfte des 18. Jhd.] Göttingen 1957 (Diss.).

rohr der Reformer: Herausgeber war der Jesuitenpater Franciszek Bohomolec.

Die rege publizistische Tätigkeit jener Zeit beschränkte sich nicht nur auf Zeitschriften; es erschienen auch zahlreiche Flugblätter und Broschüren der sich bekämpfenden politischen Richtungen. In der publizistischen Kampagne für die Reformen in Polen hat sich insbesondere die *Kołłątaj Schmiede* (Kuźnia Kołłtątajowska) verdient gemacht, die neben Hugo Kołłątaj (1750–1812) über weitere ausgezeichnete Publizisten verfügte, wie den Priester Franciszek Salezy Jezierski und den Piaristen-Professor Franciszek Ksawery Dmochowski.

Der aus dem Bürgertum stammende Priester Kołłątaj, der als Mitglied der „Kommission für das nationale Bildungswesen" die Krakauer Akademie reorganisierte, war einer der profiliertesten Vertreter und Befürworter der Reformen. Seine verfassungspolitischen Vorstellungen, die er in der Schrift *Ein paar Briefe des Anonymus an Stanisław Małachowski* (Do Stanisława Małachowskiego [...] Anonyma listów kilka, 1788) an den Präsidenten des Vierjährigen Reichstags richtete, wurde sogar z.T. in der Verfassung von 1791 berücksichtigt.

Ein anderer engagierter Priester bürgerlicher Abkunft, Stanisław Staszic (1755–1826), gehörte ebenfalls zu den Mitarbeitern der Schmiede. Er hinterließ u.a. zwei Schriften, die wegen der Hervorhebung praktikabler Reformforderungen zu den besten der politischen Literatur während der Reformzeit gezählt werden: Die *Erwägungen über das Leben Jan Zamoyskis* (Uwagi nad życiem Jana Zamoyskiego, 1785) und *Warnungen an Polen* (Przestrogi dla Polski, 1790), in denen er u.a. auf die politischen Schwächen des polnischen Staates aufmerksam machte und Rechte für das Bürgertum und für die Bauern forderte, ohne die Interessen des Adels anzutasten.

Neben der Publizistik erfreute sich auch die Geschichtsschreibung der Fürsorge des Monarchen; sie diente ihm u.a. zur Rechtfertigung der in Angriff genommenen Reformen. Dem Bischof Adam Naruszewicz, der die *Geschichte des polnischen Volkes* (Historia narodu polskiego, 1780–1786) schrieb, war angeblich Stanisław August selbst bei der Quellenbeschaffung behilflich.

Die gesamte Regierungszeit dieses gebildeten Monarchen war gekennzeichnet von einer substanziellen Umgestaltung der polnischen Gesellschaft, die schließlich in der „3.-Mai-Konstitution" (1791) ihren Gipfelpunkt fand.

Der König erwies sich als großer Mäzen der Baukunst, Malerei und Musik. Unter dem vielseitig gebildeten und aufkläririschen Monarchen wurde Warschau mehr und mehr zum kulturellen und geistigen Zentrum Polens.

Wie sich Warschau während seiner Regierungszeit auch in architektonischer Hinsicht veränderte, beschrieb ein deutscher Besucher der Stadt, der Geschichtsprofessor Friedrich Schulz, in seinem Bericht folgendermaßen:

> Die Baukunst hat in Warschau ausgezeichnete Fortschritte getan. Auch ist sie unter allen Künsten seit der Regierung des jetzigen Königs am meisten beschäftigt gewesen. Was an neuen oder neuverzierten Kirchen, Palästen und Häusern in Warschau am meisten in die Augen fällt, ist erst seit dreißig Jahren erbaut worden. [...] Viele große Familien haben ganz neue Paläste aufgeführt oder alte hergestellt, und fast auf jeder Straße stehen einzelne Privathäuser, die den besten in Wien, Berlin und München nichts nachgeben.[7]

In der Architektur Polens herrschte damals der sogenannte „Stil Stanisław Augusts", eine Abart des Klassizismus, der Stileigenarten der Renaissance, des Barock und des Klassizismus in sich vereinigte und der besonders in Warschau (Schloss Łazienki) Verwendung fand. Aber auch die französische Spielart des Klassizismus und die an der antiken Klassik orientierte Richtung setzten sich in Polen durch. Vor allem die Architekten Dominik Merlini, Szymon Zug und Jan Kamsetzer machten sie dort heimisch. Als Maler wirkten in Warschau Marcello Bacciarelli, der Leiter der Warschauer Malerschule und Schöpfer von allegorisch-mythologischen und historischen Gemälden im Schloss zu Łazienki, und Canaletto, der Maler topographischer Ansichten von Warschau, sowie Jan Piotr Norblin, der mit seinen Zeichnungen typisierende Bilder eines Adligen, Bauern und Juden schuf. Die „Stanisław-Ära" brachte für die Musik Ansätze zur Entfaltung einer national geprägten Musik, wobei die Volksmusik und das Kunstlied einen künstlerischen Rang erlangten.

Im Jahre 1765 erhielt Warschau ein Nationaltheater (Teatr Narodowy), das von nun an das Theaterleben in Polen prägte. Als

---

[7] Joachim Christian Friedrich Schulz: Reise eines Livländers von Riga nach Warschau. Ein deutscher Bericht von der polnischen Adelsanarchie aus den Jahren 1791-1793. Breslau 1941, S. 219.

Förderer der Literatur und Wissenschaft erwies sich Stanisław August Poniatowski bei seinen berühmten „Tafelgesprächen am Donnerstag" (Objady czwartkowe), bei denen sich Künstler, Wissenschaftler und Publizisten zu versammeln pflegten und über kulturpolitische Maßnahmen berieten. Das Mäzenatentum des Königs, der die Zielsetzungen der Kulturpolitik bestimmte, war für die Magnaten, z.B. die Czartoryskis in Puławy oder den Musenhof der Ogińskis in Słonim, zugleich Anlaß zu Nachahmung und Rivalität.[8]

2. Die aufklärerische Hofdichtung

Die Dichtung der polnischen Aufklärung griff ähnlich wie die Publizistik die aktuellen gesellschaftspolitischen Fragen auf. Sie behandelte vorrangig solche Themen, die im Rahmen der angestrebten Reformen von Bedeutung waren. Die Werke waren auf die Erziehung der Nation im patriotischen und humanistischen Sinne ausgerichtet. Vor allem die Satire bot sich für die Propagierung solcher Anschauungen als adäquate literarische Form an.

Die Satiren Adam Stanisław Naruszewicz (1773–1796) des Historiographen und Hofdichters Stanisław August Poniatowskis, sind ausgezeichnete Skizzen des Lebens in den Salons und auf den Straßen Warschaus. Die sich sowohl an der heimischen Tradition als auch am Vorbild Boileaus orientierenden Satiren bekämpften insbesondere Sittenverfall und Bildungsfeindlichkeit. Äußerst selten enthalten sie politische Anspielungen, wie z.B. in der Satire *Der Schmeichler* (Pochlebca):

> Wszystkich chwalim, iż dobrzy – i świeccy i księża,
> Jednak giniem bez skarbu, urządu i oręża.

> (Alle loben wir, dass sie hervorragend sind, ob das ein Weltlicher oder ein Geistlicher ist, aber wir gehen zugrunde ohne Staatsschatz, Regierung und Heer.)

Der Verfasser mehrerer Oden von verschiedener dem Hof naher Thematik, Naruszewicz, schrieb der Mode folgend Idyllen im Stile

---

[8] Vgl. dazu Andrzej Ciechanowski: Michał Kazimierz Ogiński und sein Musenhof zu Słonim. Untersuchungen zur Geschichte der polnischen Kultur und ihrer europäischen Beziehungen im 18. Jh. (Beiträge zur Geschichte Osteuropas. Bd. 2). Köln/Graz 1961.

Geßners und Fabeln nach dem Vorbild Lafontaines. Seine Sprache ist phraseologisch und stilistisch noch weitgehend dem Barock verpflichtet.

Einer der bedeutendsten Satiriker der polnischen Literatur war der Diplomat und Fürstbischof von Ermland Ignacy Krasicki (1735–1801). Die Grundhaltung seiner Satiren charakterisiert er selbst folgendermaßen:

> Satyra prawdę mówi, względów się wyrzeka,
> Wielbi urząd, czci króla, lecz sądzi człowieka.

(Die Satire sagt die Wahrheit, sie verzichtet auf Nachsicht, achtet das Amt, ehrt den König, aber sie urteilt über den Menschen.)

Die Distanzierung von Amt und König weist darauf hin, dass Krasicki in seinen Satiren politische Themen meidet, obwohl die erste Teilung Polens (1772) ein verstärktes politisches Engagement erwarten ließ.

Der Themenkreis seiner *Satiren* (Satyry, 1779) bewegt sich im höfischen Milieu; angeprangert wird hier aus moralischer Sicht vor allem die Erscheinung des Sittenverfalls beim Adel, der sich u.a. in Verschwendung, Trunk- und Spielsucht äußerte. Bisweilen macht er auch auf soziale Missstände aufmerksam; so weist er z.B. auf die ungerechten Prügelstrafen hin:

> I wziął tylko pięćdziesiąt. –
> — A za cóż te pięćdziesiąt? — Psa trącił –Cóż z tego?...
> — Prawda wielki kryminał, ale i plag wiele...
> — On najlepszy z panów,
> On sto plag nigdy nie dał. — Mów lepiej: z tyranów,
> Co dom czynią katownią.

(Und er bekam nur fünfzig. — Und wofür die fünfzig? —Einen Hund stieß er. — Was ist dabei? Freilich ein großes Verbrechen, aber auch viele Schläge. — Er ist der beste unter den Herrn. — Einhundert Schläge ließ er noch nicht verabreichen. — Sag lieber: unter den Tyrannen, die aus ihrem Haus eine Folterkammer machen.)

Gewisse Beziehungen zu seinen Satiren zeigen die in Versen verfassten Briefe, in denen Krasicki zu politischen und kulturellen Fragen Stellung nimmt. Sein Interesse galt, wie sich einem Brief entnehmen lässt, der an Naruszewicz gerichtet ist, auch der Geschichtsschreibung. Krasickis Beschäftigung mit der polnischen

Geschichte fand schließlich Ausdruck in dem historischen Epos *Der Chotimer Krieg* (Wojna Chocimska), das thematisch an die barocken Epen anschließt.

Weitaus erfolgreicher erwies sich Krasicki jedoch in der humoristischen Bearbeitung eines sagenartigen Stoffes. Die *Mäuseade* (Myszeida, 1775) stellt ein heroisch-komisches Epos dar, in dem die von Kadłubek chronikalisch bearbeitete Überlieferung vom legendären Fürsten Popiel, den die Mäuse fraßen, behandelt wird. Durch die Bevorzugung der Katzen entfacht Popiel einen Krieg der Mäuse gegen die Katzen und fällt schließlich selbst in einer Schlacht. Fraglich, doch nicht ganz unberechtigt scheint die Annahme zu sein, dass Anspielungen auf die politische aktuelle Situation in Polen herauszulesen sind, etwa die Gegenüberstellung der beiden rivalisierenden Parteien, der „Familie" und der „Republikaner", oder gar der beiden Nationen Russen und Polen als Katzen und Mäuse mit Fürst Popiel als König Poniatowski.

Im Jahre 1778 erschien Krasickis zweites heroisch-komisches Epos mit dem Titel *Mönch-Krieg* (Monachomachia), dessen satirische Spitze sich gegen das Klosterleben mit seiner geistigen Rückständigkeit und der Genusssucht der Mönche richtet. Zwei verfeindete Klöster versuchen mit Hilfe ihrer Gelehrten ihre Zwistigkeiten in einer Diskussion zu bereinigen. Bald aber kommt es zu einer „Schlacht", in der die heiligen Bücher zu Waffen werden ebenso wie die Sandalen, Gürtel und die Trinkgefäße der Mönche. Allein der Anblick eines gefüllten Pokals kann „Krieg" und Zwietracht beenden. Das Werk des Bischofs erregte Ärgernis. Als ihm diesbezügliche Vorwürfe gemacht wurden, entschloss er sich zu einer noch schärferen „Polemik" in dem Werk *Antimönch-Krieg* (Antymonachomachia, 1780) ebenfalls eine satirische Darstellung des geistlichen Standes, die er aber als Scheinwiderruf seiner „voltaireanischen" Ansichten ausgab. Krasicki war auch ein Meister des Apologs; *Vögel im Käfig* (Ptaszki w klatce) aus der Sammlung *Fabeln und Parabeln* (Bajki i przypowieści, 1779) kann als Beispiel für das kurze, pointierte und oft in Dialoge gefasste Genre gelten:

> Ptaszki w klatce
> Czegoż płaczesz? — staremu mówił czyżyk młody —
> Masz teraz lepsze w klatce niż w polu wygody.
> — Tyś w niej zrodzon — rzekł stary — przeto ci wybaczę.
> Jam był wolny, dziś w klatce — i dlatego płaczę.

(Vögel im Käfig. — Warum weinst Du?, sprach ein junger Zeisig zum alten, Du hast es viel bequemer im Käfig als auf dem Feld: Du bist im Käfig geboren, sagte der alte, deshalb verzeihe ich Dir. Ich war frei, jetzt bin ich im Käfig — und deshalb weine ich.)

Krasicki ist zwar in der Wahl der Motive seiner Fabeln abhängig von Lafontaine, Gellert, Ardéne, La Motte und Äsop, doch im Umgang mit den Kunstgriffen, besonders der Antithese, erweist er sich als Könner dieser Gattung. Seine Leistung auf dem Gebiet der Prosa verdient besondere Beachtung. Seine Erziehungsromane *Die Abenteuer des Nikolaus Doświadczyński* (Mikołaja Doświadczyńskiego przypadki, 1776) und *Herr Truchsess* (Pan Podstoli, 1778–1803) sind der erste Versuch, diese westeuropäische Romanform in Polen populär zu machen. Die sich an Defoes *Robinson Crusoe*, Fénelons *Telemach*, Rousseaus *Emile* und Swifts *Guliver* anlehnende Robinsonade *Die Abenteuer des Nikolaus Doświadczyński* veranschaulicht die Erziehungspraktiken eines jungen polnischen Adligen mit all ihren Mängeln. Nikolaus, der sich mit den Erziehungsgrundsätzen Rousseaus auf einer einsamen Insel bekannt machte, kehrt in die Zivilisation zurück und, nachdem er für kurze Zeit in ein Irrenhaus eingewiesen wurde, begibt er sich nach Polen, wo er sich auf dem Lande niederlässt.

Der *Herr Truchsess* dagegen enthält Überlegungen des Verfassers zu verschiedenen Fragen der Gesellschaft, der Religion usw. Diese Ansichten werden durch die Hauptfigur, die die Verkörperung eines Musteradligen darstellt, dargelegt. Allerdings wird dabei die Handlung völlig vernachlässigt.

Krasicki, der bedeutendste Dichter der polnischen Aufklärung, wurde nach der ersten Teilung Polens 1772 preußischer Staatsbürger und unterhielt freundschaftliche Beziehungen zu Friedrich II., den er auch in Potsdam besuchte. Dies freilich verübelte ihm der Hofdichter und königliche Sekretär Stanisław Trembecki (1739–1812), der neben Fabeln nach Motiven Lafontaines zahlreiche Briefe (Listy) hinterließ, die sich durch scharfsinnige Gedankengänge auszeichnen. Einen seiner Briefe adressierte er an den *Gast aus Heilsberg* (Gość z Halsbergu), gemeint ist Krasicki, um ihn von der Richtigkeit der politischen Verbindung Polens mit Russland zu überzeugen und für eine politische Tätigkeit gegen Preußen zu gewinnen. Trembecki, der treue Diener und Freund des Königs Poniatowski, verstand es wie kein anderer, Lebensstil und politische Ansichten des Königshofes in seinen umfangreichen Briefen, die er an hohe staatliche Würdenträger, Freunde, den König und seine Verwandten adressierte, darzustellen. Nach dem Tode des Königs lebte Trembecki eine Zeitlang auf dem Landsitz der Czartoryskis, dem Zentrum des polnischen Sentimentalismus. Klarheit und Durchsichtigkeit der Sprache zeichnet die Gedichte Trembeckis aus, wie das seine Landschaftsschilderung der "Polanka" zu entnehmen ist:

> W końcu szerokich równin, gdze się woda sączy,
> która z odległych wiader Wisła z Narwą łączy,
> jest mejsce, któremu uśmiecha się fortuna...
> Owieczki tam wydają najdobnejsze runa
> bydło przynosi z pola pełnejsze wymiona,
> ziemia z wysoką lichwą powraca nasiona
> pszczoła obficiej robi miód droższy niż złoto,
> pasma rolnicze ciągnąć nie śpieszy sią Kloto,
> a Kmiotek często indziej smutny i ponury,
> tu wszystkie wesołością przechodzą Mazury.

(Am Ende der weiten Ebenen, wo das Wasser sickert, die aus den fernen Quellen die Weichsel mit der Narev verbindet, gibt es ein Dorf, dem das Glück zulächelt. Die Schafe dort geben die allerbeste Wolle, die Kühe bringen vom Felde die vollsten Euter, die Erde gibt mit hohem Zins die Aussaat zurück, die Biene stellt reichlicher den Honig her, der teurer als Gold ist. Kloto beeilt sich nicht die Furchen zu ziehen und das Bäuerlein anderswo oft traurig und mutlos, übertrifft hier durch Fröhlichkeit die Masuren.)

3. Der Sentimentalismus

Die Phase des Spätklassizismus, die auch als Sentimentalismus oder Empfindsamkeit bezeichnet wird, war in Polen mit der Residenz der Czartoryskis in Puławy fest verbunden. Diese das politische Leben entscheidend mitbestimmende Magnatenfamilie, deren Mitglieder hohe Staatsämter bekleideten, schuf nach dem Vorbild des Königshofes ein zweites kulturelles Zentrum, das auch die Teilungen Polens überdauerte. Fürst Adam Kazimierz Czartoryski, der die Wahl Stanisław Augusts zum König ermöglichte, betätigte sich schriftstellerisch ebenso wie seine Frau Izabela, die aus der sächsischen Familie der Flemmings stammte. Beide umgaben sich mit Künstlern und protegierten sie.

Der Ex-Jesuit Franciszek Dionizy Kniaźnin (1750–1807), einer der Repräsentanten des polnischen Sentimentalismus, avancierte bei den Czartoryskis zum Hofdichter. Obwohl Kniaźnin auch originelle Vaudevilles und Opern im Stile Metastasios schrieb, war seine Domäne doch die Lyrik. Seine *Erotikons oder Lieder in anakreontischer Art* (Erotyki czyli Pieśni w rodzaju anakreontycznym, 1779) zeigen schon im Titel den Inhalt seiner empfindsamen Versdichtung an. Diese Schäferdichtung, die Beziehungen zu den Idyllen der Renaissance aufweist, wurde dann in der umfangreichen Sammlung *Poesie* (Poezje, 1797–1789) um verschiedene Gelegenheitsgedichte und Oden bereichert.

Die Einfachheit und Schablonenhaftigkeit seiner Lyrik, verbunden mit der großen Musikalität seiner Verse, und nicht zuletzt die Verwendung von folkloristischen Elementen machten Kniaźnins Dichtung in Polen sehr beliebt. Bisweilen bringt sie auch Resignation über die politische Wirklichkeit zum Ausdruck:

> O, nie ocali kraju nasz frasunek,
> Niech się ci trudzą, na którym potędze
> Stoi ojczyzny zguba i ratunek.

(Oh, unsere Sorge rettet das Land nicht; es sollen sich diejenigen bemühen, von deren Macht der Untergang oder die Rettung des Vaterlandes abhängt.)

Ähnliches kann aus den *Klagen eines Sarmaten am Grabe Sigismund Augusts* (1797) (Żale Sarmaty nad grobem Zygmunta Augusta) entnommen werden, die von dem zweiten Dichter des Czartoryski-Hofes, dem Anakreontiker, Franciszek Karpiński (1741–1825) geschrieben wurden:

> Zygmuncie przy twoim grobie,
> Gdy nam już wiatr nie powieje,
> Składam niezdatną w tej dobie
> Szablę, wesołość, nadzieję,
> I tę lutnię biedną...
> Oto mój sprzęd cały,
> Łzy mi tylko jedne zostały.

(Sigismund, wenn uns keine Hoffnung mehr bleibt, lege ich an Deinem Grab den in dieser Zeit untauglichen Säbel nieder, die Fröhlichkeit und die Hoffnung und diese armselige Laute. Das ist meine ganze Habseligkeit; nur Tränen allein sind mir verblieben.)

Neben der patriotisch gefärbten Lyrik verfasste Karpiński modische, sentimentale Idyllen, wie *Laura und Filon* mit dem Motiv des Liebeskummers, sowie Lieder, die unverkennbare Züge der Volkspoesie tragen, z.b. das *Lied des Greises aus Sokol im Kaiserkordon* (Pieśń dziada sokolskiego w kordonie cesarskim). Überdies ist Karpiński der Schöpfer vieler religiöser Lieder, die bis heute in den Kirchen Polens gesungen werden, wie seine berühmten Morgen und Abendgebete *Wenn die Morgenröten aufgehen* (Kiedy ranne wstają zorze) und *Alle unsere Tagesangelegenheiten* (Wszystkie nasze dzienne sprawy) oder das Weihnachtslied *Gott wird geboren* (Bóg się rodzi). Aus dem dichterischen Nachlass sind besonders seine Tagebücher, die Beziehungen zu Rousseaus *Confessions* aufweisen, hervorzuheben sowie der Versuch zu einer Tragödie mit dem Titel *Judith* (Judyta) im Stile Racines.

4. Die Epigonendichtung

Die endgültige Aufteilung Polens zwischen Österreich, Preußen und Russland im Jahr 1795 ließ die Polen keinesfalls die Hoffnung auf die Wiedererlangung ihrer Staatlichkeit aufgeben. Das in der italienischen Emigration 1797 von dem Politiker und Schriftsteller Józef Wybicki (1747–1822) verfasste Lied:

> Jeszcze Polska nie zginęła,
> Kiedy my żyjemy,
> Co nam obca przemoc wzięła,
> szablą odbierzemy.

> (Noch ist Polen nicht verloren, solange wir leben; was uns fremde Übermacht nahm, holen wir mit dem Säbel zurück.)

sollte die zersplitterte Nation in ihrem Selbstbewusstsein stärken und zum Kampf für die Unabhängigkeit aufrufen.[9] Die Errichtung des Königtums Polen (Kongresspolen) durch die Beschlüsse des Wiener Kongresses (1815) komplizierte zwar die politischen Verhältnisse sehr, konnte aber das Entstehen zahlreicher Organisationen des Kulturlebens, wie der „Gesellschaft der Freunde der Wissenschaften" (Towarzystwo Przyjaciół Nauk) 1800, der War-

---

[9] Dieses von Michał Kleofas Ogiński vertonte Lied, das den Titel *Mazurka Dąbrowskiego* trägt, ist heute die Nationalhymne Polens.

schauer Universität (1817) und der Kulturanstalt Ossoliński, das „Ossolineum" in Lemberg nicht verhindern. Diese Institutionen waren in erster Linie darauf bedacht, die Tradition zu bewahren und die große Vergangenheit nicht aus dem Bewusstsein der Polen schwinden zu lassen. Aus diesem Bestreben erwuchs die starke Hinwendung zur eigenen Geschichte, der sich auch die Literatur nicht entziehen konnte.

Die *Historischen Gesänge* (Śpiewy historyczne, 1816) von Julian Ursyn Niemcewicz (1757–1841) die im Auftrage der „Gesellschaft der Freunde der Wissenschaften" entstand, resultierten aus diesem erneut aufkeimenden „Historismus". Anhand von Lebensbildern polnischer Könige und Heerführer — von den legendären Piasten bis zum Jan III. Sobieski — versuchte Niemcewicz, in seinem Werk die Geschichte der polnischen Nation anschaulich darzustellen; dabei benutzte er vor allem die Chroniken von Gall-Anonymus, Kadłubek, Długosz und Bielski, auch Wappenbücher sowie Lebensläufe berühmter Männer. Seine gute Kenntnis der englischen Volks und Kunstballaden und der ukrainischen Dumen, wies ihm den formalen Weg. In den *Gesängen* war es Niemcewicz gelungen, seine didaktischen Absichten mit dem Interesse an der Geschichte zu verbinden. So steht dieses Werk zwar wegen seines didaktischen Charakters noch in der Tradition der Aufklärung, aber die Anwendung bestimmter Kunstgriffe, wie z.B. die stimmungsvolle Schilderung der Natur, weisen bereits auf einen neuen Stil hin, den man als „vorromantisch" bezeichnen kann.

Niemcewicz führte in Polen den für die europäische Vorromantik und Romantik typischen historischen Roman ein. In *Jan von Tęczyn* (Jan z Tęczyna 1825), einem Roman im Stile Walter Scotts, wird durch Verbindung von Liebesbeziehung und Geschichte historische Glaubwürdigkeit angestrebt; in seinem Roman *Die zwei Herren Sieciech* (Dwaj panowie Sieciechowie, 1855), der auf dem Kontrast zweier Tagebücher aufgebaut ist, wird die vergangene „sächsische" Epoche mit der Gegenwart konfrontiert.

Der „Historismus" dieser Zeit hatte auch eine religiöse Variante, deren bedeutendster Vertreter der vom Pfarrer zum Bischof und Primas Polens avancierte Jan Paweł Woronicz (1757–1829) war. In seinem bekannten Gedicht *Hymnus an Gott* (Hymn do Boga, ca. 1809) zeichnet sich ein Schimmer von Hoffnung auf die nationale Wiedergeburt ab. Zwar hängt das Schicksal Polens, seiner Meinung nach, allein von der Gnade Gottes ab, doch, da die Polen ihre Sünden schon gebüßt haben, stehen sie unter dem Schutz Gottes:

> Panie Zastępów, Twa święta opieka...
> dziś nam się w całej swej pełni stawia.
> Polskę objawia...
>
> (Herr der Heerscharen, Dein heiliger Schutz zeigt sich uns heute in seiner Vollkommenheit; er macht Polen sichtbar.)

Ähnliche Gedanken über die göttliche Vorsehung lassen sich auch in Woroniczs Hauptwerk *Das Heiligtum der Sybille* (Świątynia Sybilli, 1818), einem historischen Epos, erkennen, in dem er die Schuld am Untergang Polens bei den Polen selbst vorfindet und ihn deshalb als eine gerechte Strafe ansieht. Woroniczs mystische Vorstellungen von der Entstehung Polens bargen bereits Keime des polnischen Messianismus in sich, der charakteristisch für die ganze Epoche der polnischen Romantik war.

Allerdings hatte seine Zuversicht, dass Polen bald seine Unabhängigkeit erlangen werde, einen realen Hintergrund; er selbst zählte kraft seines Amtes zu den führenden Persönlichkeiten Kongresspolens, und darüber hinaus bestanden freundschaftliche Beziehungen zwischen dem Fürsten A. J. Czartoryski und dem russischen Zaren Alexander I., was Hoffnungen hegte.

5. Das Theater

Auch das Theater, dem zunehmend die Fürsorge des Monarchen galt, hatte seine gesellschaftliche Aufgabe im Sinne der angestrebten Reformen zu erfüllen. Als äußeres Zeichen dafür kann die Gründung des öffentlichen Nationaltheaters (Teatr Narodowy) in Warschau gewertet werden, das die Bedeutung der Hauptstadt als kulturelles Zentrum noch mehr betonte. Die dieses Theater beherrschende didaktische Konzeption spiegelte sich freilich im Repertoire wider; bevorzugt wurden Komödien und Vaudevilles mit Musikeinlagen.

Die Komödie der Stanisław-Ära war auf französische Vorlagen, insbesondere auf Moliere ausgerichtet. So wurden nicht nur seine Dramen übersetzt und gespielt, sondern und vor allem seine Motive entliehen. Die Schablonenhaftigkeit der übernommenen Anregungen hemmte aber die Entwicklung einer eigenständigen Komödie. Der Jesuitenpater Franciszek Bohomolec (1720–1784), der schon im Schultheater des Jesuitenordens dramaturgische Erfahrungen sammeln konnte und nahezu fünfundzwanzig Schulkomödien verfasste, begann als erster Dramatiker für das „Stanisławsche Theater" zu schreiben. Von seinen *Komödien fürs Theater* (Komedye na teatrum) wurden nur zwei bekannt: *Guter Herr* (Pan dobry), in dem die braven Bauern ihren guten Herrn vor dem Ruin seines Gutshofes retten, und *Vermählung nach dem Kalender* (Małżenstwo z kalendarza), eine Satire auf den adligen Konservativismus, der durch die Figur des „Mummelgreises" (Staruszkiewicz) verkörpert wird. Bei der Wahl seiner Motive griff Bohomolec sowohl auf Werke seiner französischen Ordensbrüder als auch auf Goldoni und andere italienische Dramatiker zurück. Vor allem aber dienten ihm die Dramen Molières als Vorbild.

Der von A.K. Czartoryski erhobenen Forderung an die Komödienschreiber, die französischen Stücke einer „Polonisierung" zu unterziehen, kam Franciszek Zabłocki (1754–1821), der Nachfolger von Bohomolec am Nationaltheater, wohl am besten nach.

Nach einer Vorlage von Romagnesi schrieb er die beliebte Komödie *Leichtfuß als Freier* (Fircyk w zalotach, 1781), in der er einen neuen Typus auf die Bühne brachte. Die Komik, die sich aus den ständigen materiellen Sorgen des leichtfertigen Fircyk und der Jagd nach einer Mitgift ergibt, dient dem Autor auch dazu, in unverfänglicher Weise die Gesellschaftsformen des modischen Warschau zu zeigen. Während Zabłocki in diesem Werk die äußeren Formen des gesellschaftlichen Verhaltens seiner Zeitgenossen anprangert, wendet er sich in der Komödie *Sarmatismus* (Sarmatyzm) dem schon traditionellen Thema der geistigen Rückständigkeit des Landes zu. Der Streit zweier Adelsfamilien um Nichtigkeiten, der dem verliebten Paar im Wege steht, bildet den thematischen Rahmen dieser Komödie.

Mannigfache Beziehungen zu den Bühnenstücken Zabłockis weist die sozial-politische Komödie von J.U. Niemcewicz mit dem Titel *Heimkehr des Abgeordneten* (Powrót Posła) auf, die ein Jahr vor der *3.-Mai-Verfassung 1791* uraufgeführt wurde. In diesem Werk wird sowohl der Typus des „Fircyk" in der Figur des „Charmeur" (Szarmancki) als auch der konservative Sarmate in der Figur des „Quatschers" (Gadulski) geschildert. Der sich für die Reformen einsetzende Reichstagsabgeordnete Walery bemüht sich vergebens um die Tochter des Starosten „Quatscher", die bereits dem „Charmeur" versprochen ist. Als sich dann der „Fircyk" demaskiert, erhält schließlich Walery doch die Hand des Mädchens. Gespielt wurde diese Komödie im Nationaltheater, das bereits seit 1783 der „Vater des polnischen Theater" Wojciech Bogusławski (1757–1829) leitete. Der Schauspieler, Regisseur, Übersetzer, Dramatiker und Vorsteher einer Wanderbühne hinterließ eine Anzahl Dramen und Libretti, unter denen vor allem *Das vermeintliche Wunder oder die Krakauer und die Góralen* (Cud mniemany czyli krakowiacy i górale, 1794) großes Aufsehen erregte. Das im Jahr des Kościuszko-Aufstandes aufgeführte Stück mit kurzen Einlagen von gegen Russland gerichteten Liedern brachte zwei der Bühne bis dahin unbekannte Bevölkerungsschichten mit ihren Sitten und Gebräuchen: die Krakauer Bevölkerung und die bäuerlichen Bergbewohner, die Góralen, die sich zu einer Hochzeit in einem Dorf bei Krakau treffen. Da die Hochzeit zwischen einem Góralen und einer Müllerstochter nicht zustande kommt, versuchen die Góralen das Vieh der Dorfbewohner zu stehlen. Dabei kommt es zu einer Schlägerei, die erst durch das „Wunder", durch einen auf der Weide von einem Studenten gespannten elektrischen Draht beigelegt wird. Figuren, Thematik und die Beziehung zu zeitgenössischen Ereignissen zeigten das Aufkommen einer neuen Stilrichtung des Theaters an.

Noch eine Premiere wurde in Warschau gefeiert. Im Jahre 1817 wurde am Nationaltheater die klassizistische Tragödie *Barbara Radziwiłłówna* von Alojzy Feliński (1771–1820) aufgeführt, die den „Historismus" auch auf die Nationalbühne brachte. An dem Repertoire des Nationaltheaters orientierten sich weitgehend die Hoftheater der Magnaten sowie die Schultheater.

6. Die Sprache

Die kulturellen Umwälzungen in der Zeit Stanisław Augusts beeinflussten auch die Sprache, der die „Kommission für das nationale Bildungswesen" in Zusammenhang mit dem Schulwesen besondere Beachtung widmete. Die polnische Sprache sollte statt des Lateinischen in den Schulen verstärkt eingeführt werden. Durch das Bemühen, die Sprache von Latinismen zu reinigen, verstärkte sich die Wirkung des französischen Einflusses, der vom Königshof und dem hohen Adel ausging, dermaßen, dass es zu einer „Gallomanie" kam. In dieser Zeit ließen sich zahlreiche französische Künstler, Handwerker und vor allem Hauslehrer in ganz Polen nieder.

An der Popularisierung der französischen Sprache und der Umgangsformen hatten die durch französische Hausdamen mit der neuesten französischen Mode vertrauten Frauen großen Anteil. Gallizismen wie *miniatura, portret, sylwetka, fotel, pantofle* gehörten bald zum festen Bestandteil des polnischen Vokabulars.

Während Französisch zur Sprache der höheren Gesellschaft wurde, hatte das Polnische in der Publizistik Erfolg. Allerdings zeigte sich auch hier der Mangel an spezieller Terminologie, dem man durch Neuschöpfungen begegnete. So entstanden u.a. Lexeme wie *sztuka* (=Kunst), *istnieć* (=sein), *wyobraźnia* (=Vorstellung) usw.

Neben den durch die kulturelle Entwicklung geforderten Neologismen kennt die Sprachpraxis auch der polnischen Sprache fremde Komposita wie sie bei Krasicki (*głębokomyślny, grzecznopoczciwy*), Naruszewicz (*wszyskożywy, górolotny*) und Karpiński (*różnowzory, żółtopóry*) vorzufinden sind.

Die politische Katastrophe der Teilungen Polens schuf dann durch den kulturellen Einfluss der Besatzungsmächte (Osterreich, Preußen, Russland) für die Entwicklung der Sprache ungünstige Bedingungen. Der in ganz Europa beginnende sprachliche Nationalismus, ein Faktor des wachsenden Nationalbewusstseins, stellte sich in Polen als Germanisierungs- und Russifizierungsprozess dar.

Im Kampf um die polnische Sprache erwarb sich die „Gesellschaft der Wissenschaften" besondere Verdienste, unter deren Obhut das *Wörterbuch der polnischen Sprache* (Słownik języka polskiego, 1807–1814) von Samuel Bogumił Linde entstand. Das sich sowohl auf das Schriftmaterial als auch auf die Umgangssprache stützende Werk schuf durch Vergleich mit den übrigen slavischen Sprachen einen normativen Sprachstand, nach dem sich die Schriftsprache zu richten hatte. Nach wie vor übten Dichter aus den östlichen Gebieten wie Bohomolec, Naruszewicz, Krasicki u.a. sowie aus Großpolen etwa Bogusławski auf die Entwicklung der Schriftsprache einen nachhaltigen Einfluss aus. So konnten zahlreiche Provinzialismen in die Schriftsprache eindrängen. Diese Möglichkeit der Wortschatzerneuerung und –erweiterung wurde jedoch von den sprachlichen Konventionen der beginnenden Salonkultur der „Warschauer Klassik" eingeengt, was schließlich zur schroffen Trennung von Schrift- und Umgangssprache führte.

ROMANTIK

1. Der Polnische Messianismus

Eine Begleiterscheinung der Romantik in Polen war die spezifisch polnische Art des Messianismus, dessen Namensgeber offensichtlich der Philosoph und Mathematiker Jósef Hoene-Wroński war. Die Niederwerfung des polnischen Novemberaufstandes (1831) trug in erhöhtem Maße zur Belebung des messianistischen Gedankens bei; die Überzeugung von der geschichtlichen Bestimmung des eigenen Volkes führte zur regen Beschäftigung mit der Geschichtsphilosophie. Auf die Formung der messianistischen Ideologie bei den Polen übten besonders die Ansichten Herders über die Slaven, denen er eine bedeutende Aufgabe bei der Wiedergeburt Europas zusprach, einen großen Einfluss aus.

Auch der sozialistische Nationalismus Saint-Simons, der messianistische Nationalismus des Abbé Lamennais sowie des Historikers J. Michelets und des italienischen Republikaners Mazzini trugen zur Entstehung des Messianismus in Polen bei. Die führende Rolle, die Mazzini dem italienischen Volke bei dem Aufstieg der Nationen zusprach, nahmen die Dichter Adam Mickiewicz, Juliusz Słowacki und Zygmunt Krasiński für Polen in Anspruch. Für die Messianisten war der nationale Staat ein Ideal, das durch Selbstaufopferung, die Grundlage der polnischen Geschichte, erreicht werden sollte.

Dem Dasein ihrer Nation maßen sie entscheidende Bedeutung für die universale Geschichte zu; durch sein leidvolles Schicksal solle Polen stellvertretend Opfer für die Erlösung der Menschheit bringen. Der Glaube, ein auserwähltes Volk zu sein, verlieh diesem Messianismus religiösen Charakter, der schließlich in dem Leitsatz „Polen als Christus der Nationen" (Polska Chrystusem Narodów) gipfelte. Tod und Auferstehung der polnischen Nation sei ihre christliche Mission. „Polen erschien als der spiritus movens des allgemeinen Aufstandes, der für die universale Emanzipation von Nationen, Klassen und Menschen kämpfenden Völker." Dieses Sendungsbewusstsein wurde für die gesamte „große" Emigration zur tragenden Idee, die zugleich ein vereinigendes Moment in sich barg.

Die polnische Emigration, die sich hauptsächlich auf Frankreich konzentrierte, teilte sich grundsätzlich in zwei Lager: das aristokratische, das sich um den Fürsten A. Czartoryski scharte, und das liberal-adlig-bürgerliche unter der Führung des Gelehrten Joachim Lelewel.

Im Gegensatz zu der liberalen „Demokratischen Gesellschaft" (Towarzystwo Demokratyczne), die auf Veränderungen des zukünftigen Polen hinarbeitete, baute das konservative Zentrum der Emigration, das sich im Hotel Czartoryskis „Lambert" zu versammeln pflegte, auf die „3.-Mai-Verfassung". Bei dem auf die Erhaltung der politischen und kulturellen Tradition bedachten Fürsten trafen sich die intellektuelle Elite, Dichter und Musiker. Hier improvisierte Mickiewicz, hier musizierte Fryderyk Chopin.

Während der polnische Messianismus im Exil unter dem Einfluss des Litauers Andrzej Towiański eine mystische Wendung nahm, begannen die in den Teilungsgebieten, vor allem in Posen wirkenden polnischen „Hegelianer" Bronisław Trentowski und August Cieszkowski sich zunehmend mit dem Messianismus Michelets auseinander zu setzen. Wenn auch die messianistische Dieologie nicht die einzige war, die die polnische Literatur der Romantik beeinflusste, so verlieh sie ihr doch eine eigentümliche, spezifisch polnische Prägung.

2. Die Vertreter der „Ukrainischen Schule"

In der Anfangsphase der polnischen Romantik wurde zunächst einem Thema besondere Aufmerksamkeit gewidmet. Es war die „Exotik" der Ukraine, die einige Schriftsteller in ihren Werken bevorzugt behandelten. Der sogenannten „Ukrainischen Schule" gehörten als ihre Hauptvertreter die Dichter J. B. Zaleski, A. Malczewski und S. Goszczyński an.[10]

Józef Bohdan Zaleski (1802–1886) wurde zwar in der Ukraine geboren, wirkte aber in Warschau, wo er auch am Novemberaufstand teilnahm und sogar als Abgeordneter in den polnischen

---

[10] Vgl. dazu H.-G. Herrmann, Studien über das Kosakenthema in der polnischen Literatur vom 17. Jahrhundert bis zu den Vertretern der „Ukrainischen Schule". Frankfurt am Main 1969. (Diss.).

Reichstag gewählt wurde. Er genoss als Repräsentant der Ukraine großes Ansehen. Nach der Niederwerfung des Aufstandes emigrierte er nach Frankreich. Dort war er weiterhin politisch tätig. Zaleski, der Dichter der Kosakenromantik, gilt als der Begründer der „Ukrainischen Schule". In seinem gesamten literarischen Schaffen nimmt das Kosakenthema einen bedeutenden Raum ein. Neben den elegischen Liedern (Dumka), Wiegenliedern (Luli), Rhapsodien und Gedichten verfasste er auch historische Gesänge und ein unvollendetes Epos. Das historische Epos *Die Scherereien bei Zbaraż* (Potrzeba Zbarażka, 1836), das an die historischen Epen der Barockzeit anknüpft, ist eher als eine Fiktion zu werten; die Handlung wird um ein Jahrhundert vorverlegt. Das Werk verfolgt aber die Absicht, die harmonische Zusammenarbeit von Polen und Kosaken bei der Verteidigung der Adelsrepublik gegen die türkische Gefahr herauszustellen und legt deshalb wenig Wert auf die Genauigkeit historischer Überlieferung. Der Sänger der Ukraine verstand es meisterhaft, in seinen Werken volkstümliche Elemente einzubauen. Eben so gut konnte er die „exotische Landschaft" darstellen, wie z.B. die Steppe in dem elegischen Lied *Step*, wo er die grünende Steppe mit einem Meer vergleicht, in dessen „grünen Fluten" ein verfolgter Kosake samt seinem Pferd versinkt.

Das einzige erhaltene Werk, *Marie, eine ukrainische Erzählung* (Maria, Powieść Ukraińska), von Antoni Malczewski (1793–1826) wurde 1825 in Warschau veröffentlicht. Im Kontrast zu der malerischen Landschaft der Ukraine schildert Malczewski eine tragische Begebenheit. Ein Wojewode, der mit der Heirat seines einzigen Sohnes Wacław nicht einverstanden ist, schickt ihn in den Krieg, um währenddessen seine Schwiegertochter ertränken zu lassen. Ein Agnes-Bernauer-Stoff, der gerade im 19. Jahrhundert an Aktualität gewann und mehrmals in Deutschland bearbeitet wurde.

Seweryn Goszczyńskis (1801–1876) *Schloß von Kaniów* (Zamek Kaniowski) behandelt einen Ausschnitt des Hajdamakenaufstandes in der Ukraine, den Sturm auf das Schloss von Kaniów am Dnjepr. In dieser historischen Schauerromanze werden die Ursachen des Aufstands nur auf persönliche Hass- und Rachegefühle der Kosakenführer Nebaba und Szwaczka gegenüber den polnischen Adligen zurückgeführt; es werden zwar auch Aussagen über die sozialen Probleme des Kosakentums gemacht, aber die religiösen Spannungen, die zwischen dem polnischen katholischen Adel und den orthodoxen Kosaken bestanden, werden nicht in Betracht gezogen. Immerhin brachte Goszczyński neue Aspekte in der Darstellungsweise des Kosakenthemas innerhalb der „Ukrainischen Schule". Einen breiten Raum nimmt auch die Schilderung des ukrainischen Volkslebens in seinem Werk ein. Die Zeichnung der außergewöhnlichen Kleidung oder die Veranschaulichung des Aberglaubens der christlichen Kosaken erweiterte die Skala der ukrainischen „Exotik".

> Stał Ukrainiec i w długim podziwie
> Po raz kilka nabożnie się żegnał:
> Jeśli to szatan, żeby go krzyż przegnał

> (Ein Ukrainer stand und in lang andauerndem Erstaunen bekreuzigte er sich mehrmals fromm, damit das Kreuz den Satan vertreiben möge, wenn dieser erscheinen sollte.)

Goszczyński, der sich am Novemberaufstand beteiligte, engagierte sich auch nach der nationalen Erhebung politisch, zunächst in Galizien, später in der Emigration in Frankreich, wo er durch den Einfluss A. Mickiewiczs zum Anhänger des Mystikers A. Towiański wurde.

Für die „Ukrainische Schule" hatten die politischen Ereignisse von 1831 eine Spaltung in zwei Richtungen zur Folge; die in der Emigration weiterbestehende „idealisierende" (u.a. M. Czajkowski) und die sich an der Darstellungsweise Goszczyńskis orientierende „realistische", im Lande verbleibende (T. A. Olizarowski, A. Groza u.a.). Beide Richtungen aber waren angesichts der Wirkung des messianistischen Gedankens unbedeutend.

3. Adam Mickiewicz

Mit seiner programmatischen Ballade *Romantik* (Romantyczność), die 1822 in dem ersten Poesieband (Poezje), einer Sammlung von Balladen und Romanzen erschien, schaltete sich Mickiewicz (1798-1855) in die Diskussion über die neue Richtung in der Literatur ein. Die Absage an den Rationalismus und den Empirismus dokumentiert sich in seinen Worten:

> Czucie i wiara silniej mówi do mnie
> Niż mędrca szkiełko i oko ...
> Miej serce i patrzaj w serce!

(Das Gefühl und der Glaube überzeugen mich mehr als das Monokel und das Auge eines Weisen. Hab' ein Herz und blicke ins Herz hinein.)

Der zweite Band seiner *Poesie*, 1823, enthielt neben den Gedichten noch zwei längere Kompositionen, die den romantischen Charakter von Mickiewiczs Dichtung noch stärker verdeutlichten: *Grażyna* und der II. und IV. Teil des *Totenfestes* (Dziady).

In *Grażyna* wird ein Motiv aus der litauischen Geschichte verarbeitet: Die tapfere Fürstin Grażyna verhindert, dass ihr Ehemann, bei innenpolitischen Auseinandersetzungen, die Hilfe des Ritterordens in Anspruch nimmt. Der II. und IV. Teil des *Totenfestes* stehen in der Tradition des mittelalterlichen Mysterienspiels, in dem neben den Menschen auch übermenschliche Wesen auftreten. So erscheinen im II. Teil die Seelen Verstorbener, wie die des grausamen Herren, dem keine Hilfe zuteil wird, weil er einst seine Leibeigenen peinigte. Während der II. Teil vornehmlich auf der Geisterbeschwörung aufgebaut ist, die auf heidnische Gebräuche der Vorfahren zurückgeht, nimmt der IV. Teil die Beichte des Helden Gustaw ein, der aus verschmähter Liebe den Tod wählte.

Dabei weist der Selbstmörder Gustaw auf die „verräterischen Bücher", wie Rousseaus *Nouvelle Heloise* und Goethes *Die Leiden des jungen Werthers*, die zu seiner Verwirrung beitrugen, hin. Die Monologe des Helden Gustaw, Apologien des Wahnsinns, offenbaren Mickiewiczs Bekenntnis zur romantischen Weltanschauung, die Erkenntnis außerhalb des „normalen" Seelenlebens zu erschließen trachtete. Freilich trug das Motiv der unglücklichen Liebe auch persönliche Züge; nach seinen philologischen Studien in Wilna und Kaunas wurde Mickiewicz Lehrer und verliebte sich in eine Tochter aus reicher Familie.

Mickiewicz, der mit den genannten Teilen des *Totenfests* Maßstäbe für die künftige Richtung der polnischen Literatur geschaffen hatte, musste seine Heimat 1824 verlassen, weil er in den Prozess gegen die Philareten, eine geheime Studentenorganisation, verwickelt wurde. Sein fünfjähriger Zwangsaufenthalt in Russland gab ihm Gelegenheit, K. Rylejev und viele andere Dichter und Publizisten kennen zu lernen. Der Aufenthalt in Odessa und auf der Krim inspirierte Mickiewicz zu den *Sonetten* (1826), einer von den Romantikern bevorzugten literarischen Gattung. War dieser Sonettzyklus überwiegend erotischen Inhalts, so zeichnete sich der zweite Zyklus mit dem Titel *Krim-Sonetten* (Sonety Krymskie) durch die Schilderung der exotischen Landschaft aus.

In dem zwei Jahre später veröffentlichten historischen Epos *Konrad Wallenrod* (1828) kehrte Mickiewicz zur heimatlichen historischen Thematik zurück. Die legendäre Gestalt des jungen Litauers, der in den Ritterorden eintrat, um seine Heimat zu retten, diente ihm dabei als Grundlage für politische Aussagen. Der Litauer Konrad, der den Rang eines Großmeisters erreichte und das Ordensheer bewusst ins Verderben führte, hörte einst das Lied des Vajdeloten, eines litauischen Volkssängers, das ihn zum Kampf um die nationale Freiheit aufrief.

Als Mickiewicz schließlich 1829 die Erlaubnis erhielt, Russland zu verlassen, bereiste er Deutschland, wo er in Weimar Goethe und in Bonn W. Schlegel traf, Italien, die Schweiz und Frankreich.

Im Jahre 1830 schrieb Mickiewicz den Hymnus *An eine polnische Mutter* (Do matki Polki), das nicht nur eine Ermahnung zum patriotischen Verhalten, sondern auch ein Manifest zum bedingungslosen Kampf für das Vaterland darstellt und damit zum Mythos „Matka Polka" beitrug:

> Syn twój wyzwany do boju bez chwały
> I do męczyństwa ... bez zmartwychwstania

(Dein Sohn ist zum Kampf aufgefordert, ohne Ruhm und zum Martyrium ohne Auferstehung.)

Die Absicht des Werkes erinnert an *Konrad Wallenrod* in dem der anonyme und hinterlistige Kampf gegen einen übermächtigen Gegner als nachahmenswert vorgeführt wurde.

Knapp ein Jahr nach dem Verfassen des Gedichtes erreichte Mickiewicz die Nachricht vom Warschauer Novemberaufstand. Da es ihm nicht gelang, nach Warschau zu kommen, reiste er nach Deutschland, wo er die polnischen Emigranten in Dresden nach der Niederwerfung des Aufstandes traf. Die „Sturmvögel der Revolution", wie man die Emigranten in Deutschland nannte, wurden dort nämlich mit Begeisterung empfangen.

In Dresden entstand auch 1832 Mickiewiczs sogenanntes *Dresdner Totenfest* (Dziady drezdeńskie). Dieser III. Teil des obengenannten Zyklus schildert in realistischen Szenen die Unterdrückungsmaßnahmen des zaristischen Russland in Polen, wobei Mickiewicz sich nicht scheut, die auftretenden Figuren mit authentischen Namen zu nennen, wie z.B. den Senator Novosilcov, den Inbegriff russischer Politik der Repressalien.

Der Warschauer korrumpierten Gesellschaft von Karrieristen aller Schattierungen, Würdenträgern, Beamten und sogar Universitätsprofessoren stellt der Dichter in diesem Drama die jungen Patrioten entgegen, die in Erwartung eines politischen Prozesses im Gefängnis eines ehemaligen Klosters gefangen gehalten werden. Unter ihnen befindet sich auch der Dichter Konrad, der Gustaw aus dem *Wilnaer Totenfest*. In seinem Monolog, der *Großen Improvisation*, stellt Konrad seine selbstgeschaffene, fiktive Wirklichkeit, die ihm Unsterblichkeit zusichert, der Realität des Bestehenden gegenüber; die fiktive Wirklichkeit erweist sich als die bessere, weil sie sich frei vom Bösen denken lässt. Im Namen der Leidenden verlangt Konrad, der Prometheus, von Gott, der versagt habe, die Macht über die Seelen. Für diesen vom Teufel geschürten Hochmut wird Konrad jedoch nicht verdammt; denn er ist für andere Aufgaben erwählt. Mittels der Katharsis und Demut im christlichen Sinne, befreit ihn schließlich ein Diener Gottes, der Mönch Piotr, aus der Macht des Satans. In einer „Vision" zeigt er dem Dichter seine Zukunft, die mit der polnischen Nation fest verbunden ist. Der aus dem Messianismus erwachsene Gedanke von der Auferstehung des polnischen Volkes wird in der Vision analog zu der Leidensgeschichte Christi entwickelt. Wie Christus auferstanden ist, so wird auch Polen wiedererstehen. Die Qualen und das Martyrium der polnischen Jugend erscheinen daher notwendig.

Diese messianistische Idee von der schicksalhaften Bestimmung der polnischen Nation ließ Mickiewicz in seinen Werken *Bücher der polnischen Nation* und *Bücher der polnischen Pilgerschaft* (Księgi Narodu Polskiego i Pielgrzymstwa Polskiego) weiter Gestalt gewinnen. Diese sich an die Bibel orientierten Versifikation der Bücher, begünstigte ihre Popularität. Sie wurden alsbald als Katechismus der polnischen Pilgerschaft betrachtet und fanden auch außerhalb der Emigrationskreise großen Zuspruch.

Mickiewicz entwickelte in diesen Werken seine Geschichtsphilosophie über die Bestimmung der polnischen Nation, der die Aufgabe zufällt, zum Kampf für die Freiheit aller Völker aufzurufen. Der idealistisch dargebotenen polnischen Geschichte folgt die Schilderung der Tragödie des polnischen Volkes, verursacht durch die Unmoral der Nachbarstaaten. Das Schicksal der polnischen Nation wird mit dem sich opfernden Christus verglichen. Seine utopischen Vorstellungen von der „urchristlichen Brüderlichkeit", die von den Ideen des christlichen Sozialismus Lamennais' beeinflusst wurden, beschließt Mickiewicz mit einem programmatischen *Pilgergebet* um einen „allgemeinen Krieg für die Freiheit der Völker" (O wojnę powszechną za Wolność Ludów) und um „die Unabhängigkeit, Unversehrtheit und Freiheit unseres Vaterlandes" (O niepodległość, całość i wolność Ojczyzny naszej).

Als „antiprophetisches Epos" wird das polnische Nationalepos *Herr Tadeusz oder die letzte Fehde in Litauen* (Pan Tadeusz czyli ostatni zajazd na Litwie, 1834) bezeichnet, dessen Handlung sich im Wesentlichen auf einige Tage des Jahres 1811 beschränkt. Es beginnt mit der Huldigung seiner verlorenen litauischen Heimat:

> Litwo! Ojczyzno moja! Ty jesteś jak zdrowie;
> Ile cię trzeba cenić, ten tylko się dowie,·
> Kto cię stracił. Dziś piękność twą w całej ozdobie
> Widzę i opisuję, bo tęsknię po tobie...

> (Litauen, Du mein Heimatland, Du bist wie die Gesundheit, wie man Dich schätzen muss, erfährt nur derjenige der Dich verloren hat. Heute sehe und beschreibe ich Deine Schönheit in der ganzen Pracht, weil ich mich nach Dir sehne...)

Mickiewicz schildert in der erzählenden Versdichtung die Geschichte eines misslungenen Aufstandes, das fruchtlose Bemühen des Emissärs, des Mönchs Robak alias Jacek Soplica, eine nationale Erhebung zu entfachen. Stattdessen kommt es zu der traditionellen adligen „Fehde" (zajazd), die in eine lokale „Schlacht" zweier zerstrittener Adelsfamilien ausartet. Beim Einschreiten russischer Truppen kommt es zur Aussöhnung, damit der Feind gemeinsam bekämpft werden kann. Dem Konflikt der beiden Familien liegt ein Mord zugrunde, den der in die Tochter des Magnaten Horeszko verliebte Kleinadlige Jacek Soplica an dem Magnaten, der ihn abgewiesen hatte, verübte. Der rachsüchtige Jacek, der obendrein noch der Kollaboration bezichtigt wird, büßt als Mönch seine Schuld und versucht vergebens, als Emissär in Litauen einen Aufstand zu inszenieren, um dem napoleonischen Heer ein Einschreiten zu erleichtern. Sein politisches Engagement bezahlt er schließlich mit dem Leben. Seinem Sohn, Tadeusz, gelingt es, nach der kleinen „Schlacht" gegen die russischen Truppen, die Heimat zu verlassen und in die polnischen Legionen einzutreten. Als Legionär des Napoleonischen Russlandfeldzuges kehrt er ein

Jahr darauf zurück und verlobt sich mit Zosia, der letzten aus der Familie Horeszko.

Mickiewiczs humoristisches Epos, das typische Erscheinungen des Lebens der Landadligen mit all seinen Bräuchen, Sitten und Vergnügungen wiedergibt, zeichnet sich durch vorzügliche Schilderungen der litauischen Landschaft, charakteristische Porträts, vor allem der Dienerschaft, und nicht zuletzt durch eine dynamische Handlung aus. Wegen seines erfreulich glücklichen Ausgangs wird es als eine Art von Versöhnung mit seinem Emigrantenschicksal gedeutet.

Nach diesem Epos, das sein literarisches Werk beschließt, widmet sich Mickiewicz der Lehrtätigkeit, zunächst über ein Jahr in Lausanne, später von 1804–1844 am College de France in Paris, wo ihm die Professur für slavische Literatur anvertraut wurde. Zu dieser Zeit begegnete er dem litauischen Mystiker Towiański, der ihn stark beeinflusste.

Der Völkerfrühling spornt Mickiewicz zur politischen Aktivität an. Er ruft in Italien eine polnische Legion ins Leben, die jedoch mangels materieller Unterstützung bald wieder aufgelöst wurde. Eine Zeitlang redigierte er in Paris die *Tribune des Peuples*, und als dann der Krimkrieg ausbrach, versucht er erneut eine Legion aufzubauen. Zu diesem Zweck reiste er 1855 nach Konstantinopel, wo er, an Cholera erkrankt, den Tod fand.

Aufgrund seiner literarischen Tätigkeit und seines politischen Engagements wird Mickiewicz als „Prophet" (*wieszcz*) angesehen und zum „Symbol der Lebendigkeit und der Macht des unzerstörbaren polnischen Volkes" kreiert.

4. J. Słowacki, Z. Krasiński und C. K. Norwid

Im Schatten Mickiewiczs stand der viel jüngere, aber nicht minder begabte und sehr produktive Juliusz Słowacki (1809–1849). Der in der Atmosphäre des Wilnaer Künstlersalons seiner Mutter Salomea erzogene Słowacki begann früh zu schreiben. Bereits während seines Aufenthaltes in Warschau (1829–1830) verfasste er u.a. zwei Dramen: *Mindowe* mit der historischen Thematik der Gegnerschaft zwischen Litauen und dem Ritterorden und *Maria Stuart*, in dem die Fähigkeit des jungen Dichters zur psychologischen Darstellung deutlich zum Vorschein kam. Außerdem schrieb er noch einige Epen im Stile Byrons, wie *Hugo* und *Jan Bielecki*.

Als der Warschauer Aufstand ausbrach, reiste Słowacki über Dresden nach London, dann nach Paris. Dort veröffentlichte er in den Jahren 1832–1833 seine Erstlingswerke in drei Bändchen, die den Titel *Poesie* (Poezje) tragen.

Die Rivalität mit Mickiewicz und nicht zuletzt dessen Angriff auf Słowackis Stiefvater (Dr. Bécu) in dem Werk *Das Totenfest* veranlassten Słowacki, Paris zu verlassen. Er begab sich in die Schweiz. Hier entstand das Drama *Kordian* (1833), in dem Słowacki den Anschlag auf das Leben des Zaren Nikolaus, der sich 1829 in Warschau aufhielt, um zum polnischen König gekrönt zu werden, literarisch bearbeitet und sich auf diese Weise mit dem gescheiterten Novemberaufstand auseinandersetzt. In der Komposition dieses Dramas lassen sich gewisse Parallelen zu Mickiewiczs *Totenfest* feststellen. Auch Kordian stellt sich in den Dienst seines Volkes; den Entschluss dazu fasst er auf dem Gipfel des Mont Blanc. Er schickt sich an, „Throne zu stürzen", weil bei ihm nicht das passive Abwarten, sondern der aktive Kampf zählt; denn er vergleicht Polen nicht mit dem leidenden Christus wie Mickiewicz, sondern mit dem kämpfend für die Freiheit seines Volkes sich opfernden Schweizer Helden Winkelried. Polen ist für Słowacki der „Winkelried der Völker" (Polska Winkelriedem narodów). Auf diese Weise erfährt der religiöse Messianismus Mickiewiczs bei Słowacki eine Wendung ins Profane. Doch angesichts der zu vollendenden Tat fällt selbst der Held Słowackis vor der Schlafzimmertür des Zaren, den er beseitigen wollte, erschöpft vor Angst in Ohnmacht. Offenbar gab ihm seine Überzeugung nicht genug Halt, um diese Tat zu vollbringen.

Es scheint, dass der unzureichende Kampfwille der Adligen, der mit der Uneinigkeit der verschiedenen politischen Richtungen zusammenhängt, die erfolgreiche Durchführung des Novemberaufstandes von vornherein hat vereiteln müssen. Dieses Unvermögen der adligen Gesellschaft darzustellen, wird in diesem dramatischen Werk beabsichtigt.

Mit dem phantastischen Drama *Balladyna* (1839) leitete Słowacki den Zyklus seiner historischen Tragödien ein, die der Geschichte Polens gewidmet waren. Später folgten dann *Lilla Weneda*, *Mazepa*, *Beniowski*, *Horsztyński* und *Fantazy*. Neben den lyrischen Gedichten mit dem Titel *In der Schweiz* (W Szwajcarii), in denen Landschaften der Schweiz geschildert werden, verdienen vor allem die von Słowacki künstlerisch verwerteten Eindrücke seiner Nahostreisen Beachtung, so z.b. in *Vater der Verpesteten* (Ojciec zadżumionych).

In einem palästinensischen Kloster schrieb Słowacki *Anhelli* (1837), eine Komposition in rhythmischer Prosa. In Bildern, die an Dante erinnern, schildert er das Schicksal polnischer Verbannter in Sibirien. Ungeachtet dessen erweist sich dieses Werk als eine Satire auf die polnische Emigration und ihre drei Führer: Czartoryski, Lelewel und Mickiewicz. Der Pessimismus, der sich aus der ausweglosen Lage der ohnmächtigen Emigranten ergibt, schwindet vor der Vision einer neuen, kommenden Epoche, die in dem Symbol eines Ritters ihren Ausdruck findet. Der reine Jüngling Anhelli, der Künstler, lebt in dem Bewusstsein, dass er seine „Befreiung" nicht mehr erleben wird, aber dazu bestimmt ist, Werte, die für seine Zeit Gültigkeit besaßen, zu bewahren und den kommenden Generationen zu vermitteln. Deshalb appelliert er die Hoffnung nicht untergehen zu lassen und sie weiter zu tradieren:

> Ale miejcie nadzieję, bo nadzieja przejdzie
> Z was do przyszłych pokoleń i ożywi je,
> ale jeśli w was umrze, to przyszłe pokolenia
> będą z ludzi martwych.

(Hab' aber Hoffnung, weil eure Hoffnung auf die zukünftigen Generationen übergeht und wird sie beleben, wenn sie aber in euch stirbt, denn werden die zukünftigen Generationen aus toten Menschen bestehen).

Auch Słowacki, wieder nach Paris zurückgekehrt, konnte sich der Wirkung des Mystikers Towiański nicht entziehen. Ein Niederschlag des Einflusses seiner mystischen Vorstellung wirkt deutlich sowohl in der dichterischen Paraphrase *Die Genesis aus dem Geist* (Genezis z ducha) als auch in dem breitangelegten historischen Werk *König-Geist* (Król-Duch). Dieses Werk, das nur bruchstückhaft vorliegt, stellt eine Art „Geisteswanderung" durch die Jahrhunderte der polnischen Geschichte dar, in der sich eine stufenweise Katharsis des Geistes vollzieht. In der *Antwort auf die Psalmen der Zukunft* (Odpowiedź na psalmy przyszłości), die Słowacki an den ehemaligen Freund und Dichter Zygmunt Krasiński richtete, prangert er den adligen Konservativismus an.

Der Aristokrat Zygmunt Krasiński (1812–1859) zählte neben Mickiewicz und Słowacki zum „Dreigestirn" der polnischen Romantik, obgleich er nicht so produktiv war wie seine beiden großen Rivalen. Sein dichterisches Werk zeichnet sich aber durch einen Intellektualismus aus, der weder bei Mickiewicz, den Krasiński persönlich kannte, noch bei Słowacki, mit dem er eine Zeitlang befreundet war, in so hohem Maße ausgeprägt ist. Dies brachte ihm in erster Linie die Anerkennung als Dichter ein, auf die er eigentlich verzichten konnte, genoss er doch als Angehöriger einer der angesehensten und ältesten Magnatenfamilien Polens ohnehin großes Ansehen. Zeit seines Lebens konnte sich Krasiński ebenso wenig von seinem aristokratischen Bewusstsein lösen wie von dem Schatten seines berühmten und zugleich berüchtigten Vaters, des in den Diensten des russischen Zaren stehenden ehemaligen napoleonischen Generals Wincenty Krasiński, dessen Warschauer Salon Mickiewicz in eindrucksvoller Weise im III. Teil seines *Totenfestes* darstellte.

Krasiński, der meist im Ausland lebte, gab seine literarischen Schriften in der Regel anonym heraus. Er wollte sich sicherlich die Rückkehr in die Heimat durch Nennung seines Namens nicht verbauen. Seine ersten Werke, Erzählungen im Stil Byrons und W. Scotts, zeichnen sich noch durch melodramatische Effekte aus, so z.B. *Agay Han*, das die Abenteuer Maria Mniszechs, der Gattin des „falschen Demetrios", schildert. Bereits als Einundzwanzigjähriger veröffentlichte er in Paris anonym die *Ungöttliche Komödie* (Nieboska komedia, 1835), die unter Berücksichtigung aktueller politischer Ereignisse vor allem geschichtsphilosophische Probleme in den Vordergrund stellt.

In den ersten beiden Abschnitten wird die persönliche Welt des „Mannes" (Mąż), so nennt Krasiński den Helden dieses Dramas, geschildert; der Dichter und Adlige verlässt seine Familie um der Sinnlichkeit und des Ruhmes willen. Dieser privaten Sphäre wird dann die „historische Welt" gegenübergestellt, in der dem Helden, der nun Graf Henryk heißt, eine bedeutende Rolle zugedacht ist. Er wird zum Führer der letzten Adligen, der Vertreter einer untergehenden Klasse, die sich vor der Revolution in die Dreifaltigkeitsfestung geflüchtet haben. Zwar siegt schließlich die von Krasiński bis zur Karikatur entstellte neue Klasse, der Pöbel; doch sie wird der Führung beraubt. Wählte der besiegte Graf Henryk den Freitod, so wird sein Gegner, der Führer der Revolution, Pankrac

(Pankratos), nach der Schlacht vom Blitz getroffen und stirbt mit den bezeichnenden Worten „Galileae vicisti!". Dabei wird die sich im Wesentlichen an Hegels dialektischer Konzeption des Tragischen orientierende Versöhnung realisiert. Der offene Ausgang des Dramas entspricht Krasińskis geschichtsphilosophischer Auffassung von der aus dem christlichen Traditionalismus resultierenden kataklastischen Notwendigkeit des Geschichtsablaufs, der keinen wirklichen Fortschritt zu erbringen vermag; denn dieser liegt Krasińskis Meinung nach allein in der Macht Gottes.

In seinem zweiten Drama *Irydion* (1836), das den Höhepunkt seines literarischen Schaffens darstellt, verbindet Krasiński das Motiv der Verschwörung mit dem Thema der Politisierung des Christentums in seinen Anfängen. Der Günstling des römischen Kaisers Heliogabal, der Grieche Irydion, bereitet eine Verschwörung vor, die zum Untergang des Römischen Reiches führen soll. Für das Gelingen seines Planes ist jedoch das Verhalten der von ihm umworbenen und in den Katakomben lebenden Christen, ausschlaggebend. Obwohl die Christen bei einer aktiven Beteiligung am Vorhaben Irydions ihrem Ziele sicher nähergekommen wären, wählen sie — ähnlich wie Christus — ihren Weg zum Sieg durch das Martyrium. Es gelingt aber Irydion, einen Teil der Christen, die Jugend, auf seine Seite zu ziehen und so einen Bruch in dieser außerhalb des politischen Lebens stehenden Gemeinschaft herbeizuführen. Die Darstellung der vom „Bazillus der Politik" infizierten Christen, Opfer eines späten Racheaktes des Teufels für Christi Erlösung der Menschen von der Erbsünde, erinnert an die Auffassung Herders von der Entartung des Christentums durch die weltliche Politik des Papsttums; darüber hinaus ergibt sich ein direkter Zusammenhang zu der Verurteilung des polnischen Aufstandes durch Papst Gregor XVI. Die Verschwörung scheitert und Irydion wird verurteilt, in das Land der „Gräber und Kreuze" d.h. nach Polen zu ziehen. Dort soll er die erneute Vernichtung eines Volkes erleben, um dann nach einem langen Martyrium durch Gottes Gnade glücklich und frei zu werden.

Die sich schon im *Irydion* abzeichnende Hinwendung Krasińskis zur nationalen polnischen Thematik fand dann in dem Gedicht *Vordämmerung* (Przedświt, 1841–1843), einer Apologie auf Polens Vergangenheit, das selbst das Fehlen eigener Staatlichkeit als Fügung Gottes deutet, ihren verstärkten Ausdruck. In seiner geschichtsphilosophischen Vorstellung zum national geprägten

Messianismus erscheint das Leiden des polnischen Volkes als Bestimmung Gottes, der Polen für die Welterlösung und Hinführung in eine gerechte und glückliche Epoche auserwählte, der es von den Verbrechen des 19. Jh. fernhielt und dessen Auferstehung auf dem Höhepunkt des Frevels vorsieht.

In den *Psalmen der Zukunft* (Psalmy Przyszłości, 1845) offenbarte sich Krasińskis Ideologie. Die Führung der Nation bei der Befreiung kommt seiner Auffassung nach allein dem Adel zu; denn dem Adelsstande oblag in der Geschichte stets die Verteidigung des Staates. Die Beseitigung des Adels durch eine Revolution bedeute eine Versündigung gegen Gott. Eine in Gottes Absicht stehende, vom polnischen Volk getragene „glückliche Epoche" würde auf diese Weise nicht realisiert werden können. Bezeichnend für Krasińskis Überzeugung in den *Psalmen der Liebe* scheint die Parole: „Mit dem polnischen Adel, das polnische Volk" (Z szlachtą polską, polski lud) zu sein.

Besondere Beachtung verdient auch Krasińskis umfangreiche Korrespondenz, in der er auf aktuelle europäische Ereignisse eingeht und sie ausführlich bespricht.[11] Auf seinen Reisen durch Europa unterhielt Krasiński regen Kontakt zu den Schriftstellern der Emigration, bisweilen gewährte er auch materielle Unterstützung, wie z.B. dem Dichter C.K. Norwid.

Dem literarischen Werk des in mancher Hinsicht rätselhaften Dichters Cyprian Kamil Norwid (1821–1883) wird gegenwärtig mehr Aufmerksamkeit gewidmet. Norwid, der eine Außenseiterposition unter den Romantikern Polens einnimmt, verfügte auch über künstlerische Fähigkeiten auf dem Gebiet der Malerei und der Bildhauerei. Nach anfänglichen schriftstellerischen Erfolgen in Warschau emigrierte der Dichter nach Frankreich. Er bereiste Deutschland, Italien und sogar Nordamerika. Gerade dieser Aufenthalt in Amerika hinterließ Spuren in seinen Werken, z.B. das Gedicht *John Brown*, das das Schicksal eines Kämpfers für die Sklavenbefreiung behandelt. Norwid, der nur einen einzigen Band seiner Werke (bei Brockhaus in Leipzig 1863) veröffentlichen konnte, wäre sicherlich in Vergessenheit geraten, wenn sich nicht der Dichter Leon Przesmycki (Miriam) um die Sicherstellung seines literarischen Nachlasses verdient gemacht hätte.

---

[11] Seine *Hundert Briefe an Delfina* (Potocka) liegen in deutscher Übersetzung vor (Frankfurt/M. 1967).

Norwid, der sich vom Messianismus der Emigration distanzierte, beschäftigte sich eingehend mit dem Kunstwerk als Artefakt und nahm insofern einen modernen, ästhetischen Standpunkt ein. In dem Kult der Arbeit (die er im Übrigen vom Schicksal des zur Arbeit genötigten Adam ableitet) sah er einen Befreiungsakt des Menschen, der durch die Liebe zur Arbeit ihren Zwangscharakter überwinden kann. Die Kunst betrachtet er als die schwerste aller Tätigkeiten des Menschen, als ein „Banner auf dem Turm menschlicher Tätigkeit" (Jako chorągiew na prac ludzkich wieży), wie er sich in seinem vom platonischen Vorbild geprägten *Promethidion* (1851) äußert. Der bereits in diesem Werk angedeuteten Verehrung Chopins widmete Norwid ein eigenes Gedicht, *Chopins Klavier* (Fortepian Chopina). Mit dem Symbol des aus dem Fenster gestürzten zerstörten Klaviers dieses berühmten polnischen Komponisten macht er sowohl auf den Zustand der polnischen Kunst während der russischen Besatzungszeit aufmerksam als auch auf den „Sturz" der Kunst aus der elitären Sphäre des Salons auf die Straße:

> Ten sam – runął – na bruki z granitu!...
> Ciesz się, późny wnuku!...
> Jękły – głuche kamienie:
> Ideał – sięgnął bruku –
>
> (Derselbe stützte auf das Granitpflaster. Freue Dich, später Enkel. Es stöhnten die stummen Steine. Das Ideal erreichte das Steinpflaster.)

In seinen Dramen *Wanda* und *Krakus* versucht Norwid, einen eigenen Weg in der Dramaturgie zu gehen. Im Vordergrund stehen hier psychologische Probleme, die er präzise darzustellen weiß. Gemäß seiner Maxime der reinen „Wortkunst" versteht es Norwid, sprachliche Nuancen und Andeutungen meisterhaft anzuwenden. Er bedient sich der Technik der skizzenhaften Darstellungsweise vor allem in seinen Erzählungen: *Stigma* (Stygmat), *Zivilisation* (Cywilizacja) und *Ad leones*.

In *Stigma* schildert er die Schwierigkeiten, in die zwei Verliebte wegen der an sich bedeutungslosen Tatsache geraten, dass sie gewohnt ist laut zu sprechen, er aber leise. Die Erzählung *Zivilisation* gipfelt in der Schilderung eines sinkenden Schiffes, das den Namen „Zivilisation" trägt und in *Ad leones* zeigt er einen notleidenden Künstler, der sein Schnitzwerk, das Christen in der Arena darstellt, umarbeitet, um es einem Amerikaner besser verkaufen zu können. Dabei wird der Künstler mit dem Verräter Judas verglichen und in Verbindung gebracht.

Die Werke des Spätromantikers Norwid lassen sich allerdings nicht ohne Berücksichtigung seiner tiefen Religiosität interpretieren; auch der Zwiespalt zwischen seinem esoterisch anmutenden Werk und seiner Absicht, eine nationale Volkskunst zu schaffen, muss dabei in Betracht gezogen werden. Bei aller Eigenart, die ihn schwer in den Rahmen einer bestimmten Richtung einordnen lässt, verbindet Norwid mit dem Biedermeier nicht nur seine Religiosität, sondern auch der reflektierende Charakter seiner Gedichte, die bisweilen zu Traktaten werden.

5. Der historische Roman

Um die Entwicklung des historischen Romans in Polen machte sich vor allem Józef Ignacy Kraszewski (1812–1887) verdient. Dieser außergewöhnlich produktive Schriftsteller, der nahezu 200 Romane, darunter etwa 90 historische, hinterließ, war Zeit seines Lebens ein engagierter Streiter für die polnische Sache. Nachdem er kurz vor dem Ausbruch des Januaraufstandes 1863 Warschau verlassen hatte, lebte er in Dresden. Als Schriftsteller mehrerer Zeitschriften erwarb er sich bald den Ruf des prominentesten Repräsentanten der polnischen Emigration in der Nachfolge Mickiewiczs. In einem aufsehenerregenden Prozess wurde er 1884 der Spionage für Frankreich angeklagt und von Bismarck selbst in einem Brief an das Gericht beschuldigt. Kraszewskis Urteil — eine dreieinhalb jährige Festungshaft — konnte wegen seines schlechten Gesundheitszustandes nicht vollstreckt werden. Gegen eine hohe Kaution wurde er entlassen und verstarb bald darauf in Genf.

Kraszewski beschäftigte sich als Autodidakt u.a. auch wissenschaftlich mit der Geschichte und verfasste eine Monographie zur Geschichte der Stadt Wilna, *Wilno* (1838), sowie ein dreibändiges Werk *Polen während der drei Teilungen* (Polska w czasie trzech rozbiorów, 1873–1875). Das Studium historischer Quellen diente ihm als Grundlage für sein literarisches Werk; er stand damit der Konzeption der Anhänger W. Scotts entgegen, die die literarische Fiktion über das Dokument stellten.

Zwar trägt sein großer historischer Roman *Sigismunds Zeiten* (Zygmuntowskie Czasy, 1846) noch unverkennbar Stilzüge W. Scotts, doch in seiner Trilogie aus der polnischen „Sachsenzeit" in *Gräfin Cosel* (Hrabina Cosel 1874), *Brühl* (1874)[12] und *Starosta warszawski* (Warschauer Starost, 1877) hält er sich strikt an seinen eigenen Grundsatz und stützt sich auf eigene Archivstudien.

Kraszewskis Vorhaben, in 29 Romanen die Geschichte Polens literarisch darzustellen, bescherte ihm, von dem ersten sehr beliebten Roman die *Alte Mär* (Stara Baśń, 1876) abgesehen, keinen nennenswerten Erfolg. In der *Alten Mär* stellt Kraszewski die Sage von den Anfängen des polnischen Staates als im Kern durchaus historisch dar, indem er z.b. die legendäre Überlieferung von den Mäusen, denen Popiel zum Opfer fiel, als Aufruhr des Geschlechtes Myszeks (pol. Mysz = Maus) gegen den Despoten Popiel interpretierte. In diesem Roman vermittelte er auch einen Einblick in die Kultur der Polanen, die er in eigenen kulturgeschichtlichen und archäologischen Studien erforscht hatte. Den Zyklus seiner historischen Werke über Polen schloss er mit dem Roman *Ende der Sachsenzeit* (Saskie ostatki, 1889) ab. Als eine Art Ergänzung zu den historischen Werken können die Romane und Erzählungen, die sich an zeitgenössische Stoffe anlehnen, angesehen werden, wie beispielsweise der Romanzyklus mit dem Thema des Januaraufstandes in *Kind der Altstadt* (Dziecię Starego Miasta, 1863), *Spion* (Szpieg, 1864) u.a.

In seiner ersten Schaffensperiode schrieb Kraszewski auch mehrere Dorfromane. Dabei schildert er meist einen Liebeskonflikt, der sich aus der ungleichen Herkunft der Liebenden ergibt; so stellt er z.B. in *Ulana* (1843) die Liebesbeziehung des Dorfmädchens Ulana und eines Adligen, in *Ostap Bondarczuk* (1874) die einer Aristokraten und eines gebildeten Bauernsohnes dar.

Trotz der in den Dorfromanen geschilderten sozialen Differenzen sieht Kraszewski die Lösung der Bauernfrage in der Versöhnung zwischen Grundbesitzern und Bauern. Er war ferner überzeugt, dass die Verbesserung der sozialen Verhältnisse nicht durch radikale Umwandlungen erreicht werden könne, sondern durch eine „Erneuerung" der Adelsschicht; diese Vorstellungen kommen besonders in den Romanen *Morituri* und *Resurrecturi* (1874–1876) zum Ausdruck.

---

[12] Die Romane *Gräfin Cosel* und *Brühl* liegen bereits in deutscher Übersetzung vor (Rudolstadt 1965).

Auch andere Zeitgenossen Kraszewskis wandten sich in ihren Romanen und Erzählungen zunehmend historischen Stoffen zu. Während sein Gegner Zygmunt Kaczkowski (1825–1898) für seine Werke Themen aus dem 18. Jh. bevorzugte und auch den kulturhistorischen Rahmen schilderte (*Murdelio*, 1852), wählte Michał Czajkowski (1804–1886), der Vertreter der „Ukrainischen Schule" in der Emigration, Begebenheiten aus der ukrainischen und wolhynischen Geschichte aus (*Wernyhora*, 1838; *Owruczanin*, 1841).[13]

Erst das von Balzac stark beeinflusste dichterische Werk von Józef Korzeniowski (1797–1863) trug zur Verankerung des Gesellschaftsromans in Polen bei. Schon mit seinem ersten Werk *Spekulant* (1846), in dem Korzeniowski die psychologische Entwicklung einer Ehefrau darstellt, die ihre Leidenschaft zu einem verführerischen „Spekulanten" überwindet, wird ein neuer Typus der Romanliteratur geprägt. Sein späterer Roman *Die Verwandten* (*Krewni*, 1857), der vom Leben zweier aus dem verarmten Adel stammender Brüder erzählt, trägt schon Züge des positivistischen Romans; einer der Brüder wird Handwerker und sichert sich die Existenz durch seiner Hände Arbeit. Korzeniowski, der übrigens auch ein erfolgreicher Dramatiker war, wird als der erste Urbanist der polnischen Literatur bezeichnet. Seine Romane wie *Der Bucklige* (Garbaty), *Der Pensionär* (Emeryta) oder *Der Witwer* (Wdowiec) machen ihn zum Epiker Warschaus.

6. Das Theater

Zur Zeit der Romantik wurde das polnische Theaterleben von zwei gegensätzlichen Richtungen geprägt, die sich in den dramatischen Werken von Aleksander Fredro (1793–1878) und von J. Korzeniowski widerspiegeln.

Der „polnische Molière" Fredro debütierte bereits 1821 in Warschau mit der satirischen Komödie *Herr Geldhab* (Pan Geldhab), die Ähnlichkeit mit Molières Drama *Le bourgeoise gentilhomme* aufweist. Fredro karikierte darin die typischen Eigenschaften eines Emporkömmlings, der unbedingt in die aristokratischen Kreise Zugang finden will. Geldhab glaubt, dies durch die Heirat seiner Tochter mit einem Fürsten zu erreichen. Als sich jedoch heraus-

---

[13] Dieses Werk erschien in deutscher Sprache bereits 1843 (Stuttgart) unter dem Titel *Wernyhora – der Seher in der Ukraine*.

stellt, dass die Absichten des Fürsten sich auf die Verbesserung seiner finanziellen Lage konzentrieren, annulliert Geldhab die bereits geschlossene Ehe. Der einst abgewiesene junge Freier Lubomir verzichtet jetzt auf eine Heirat mit Flora. Die Komödie endet mit dem Zweizeiler, der an den bürgerlichen Snob Geldhab gerichtet ist:

> Nadtoś myślał o księstwie, gdy książę o groszu,
> Tak osiadłeś na lodzie, a panna na koszu.

(Allzu viel dachtest Du an das Fürstentum, während der Fürst an den 'Groschen' dachte. So hast Du Dich aufs Eis gesetzt und das Fräulein auf den Korb.)

Der Erfolg dieses Stückes sicherte Fredro die Aufführung seiner übrigen Dramen. Nahezu jedes Jahr, bis zu seinem freiwilligen literarischen Verstummen, wurde eine neue Komödie inszeniert. So hatte 1822 die Komödie *Mann und Frau* (Mąż i żona) Premiere in Lemberg. Dieses Vierpersonen-Stück stellt eine Satire auf die Moral der Eheleute dar, die sich gegenseitig betrügen und sich dann doch auf einen Kompromiss einigen. Besondere Beachtung verdienen folgende drei Komödien: *Herr Jowialski* (Pan Jowialski, 1832), *Die Gelübde der Jungfern* (Śluby Panieńskie, 1833) und *Die Rache* (Zemsta, 1834), die der ersten Schaffensperiode Fredros angehören.

Das unmittelbar nach der Niederwerfung des Novemberaufstandes konzipierte Stück *Herr Jowialski* zeigt eine Adelsfamilie, deren Mitglieder sich durch exzentrische Naivität derart auszeichnen, dass die verwickelte Liebesgeschichte des Stückes in den Hintergrund tritt. Die Darstellung des Anekdotenerzählers Jowialski und seiner degenerierten Familie wird zur Satire auf den konservativen Adel. Als ein „antiromantisches" Stück kann *Die Gelübde der Jungfern* betrachtet werden. Diese handlungsarme Komödie ist auf einer Verwicklung aufgebaut, in der zwei Paare ihre „romantische, schablonenhafte Verhaltensweise" durchbrechen, um heiraten zu können.

Fredros populärste Komödie, die gleichzeitig den Höhepunkt seines dramatischen Schaffens darstellt, ist *Die Rache*, in der das schon von Zabłocki genutzte Romeo-und-Julia-Motiv wieder aktualisiert wird. Dem Streit zweier Nachbarn, die hartnäckig um einen Teil einer alten Ruine kämpfen und wegen einer Mauer, die ihre Anwesen trennt, vors Gericht gehen, steht die heimliche Liebe ihrer Kinder gegenüber. Die beiden typisierten adligen Kontrahenten repräsentieren noch das „Alte Polen", das Polen der Vergangenheit. Der Konflikt, der viel Situationskomik zulässt, wird am Ende des Stückes durch die Heirat der jungen Leute beigelegt. Diese Komödie, die in Lemberg uraufgeführt wurde, erfreut sich bis heute anhaltender Beliebtheit beim Publikum, nicht zuletzt wegen ihrer komischen Personen.

Wegen der Harmlosigkeit seiner dramatischen Werke, dem Mangel an nationalen Engagement und dem Festhalten an den französischen, klassischen Vorbildern wurde Fredro von S. Goszczyński in der Studie *Neue Epoche der polnischen Poesie* (Nowa epoka poezji polskiej) heftig angegriffen. Darauf verzichtete Fredro auf die Veröffentlichung seiner Stücke, die er auch noch weiterhin schrieb. Das dramatische Werk des „alten" Fredro, 15 Komödien, lässt bereits den Einfluss des französischen Realismus erkennen. Dramaturgisch erreicht es nicht die Höhe seiner ersten Schaffensperiode.

Fredros Gegenpol war Korzeniowski. Bevor er sich der Prosa zuwandte, schrieb Korzeniowski eine beträchtliche Anzahl von Dramen, die bis zum Ende des 19. Jh. ununterbrochen auf öffentlichen und privaten Bühnen aufgeführt wurden. Korzeniowski suchte die anhaltende Vorliebe für Stücke nach französischem Vorbild zu überwinden. Ein Erfolg war für ihn die Aufführung des Stückes *Die Góralen der Karpaten* (Karpatcy Górale) im Jahre 1840. Dieses Melodrama schildert das Schicksal eines Huzulen, eines ritterlichen Ruthenen, der aus dem Militärdienst desertiert, zum Bandenführer wird und am Galgen endet. Bemerkenswert ist auch seine Sittenkomödie *Die Juden* (Żydzi, 1843), die den Wandel der sozialen Verhältnisse behandelt, der aufgrund wirtschaftlicher Veränderungen stattfand. Der geschäftstüchtige, aber redliche Jude Aron wird den eigentlichen „Juden" der Gesellschaft, den adligen Emporkömmlingen, die ihre Schuldner skrupellos ausnützen, gegenübergestellt. Korzeniowski wandte sich in seinen Dramen auch dem Stadtmilieu zu. Er brachte sogar die Handwerker auf die Bühne, z.B. in der Komödie *Meister und Geselle* (Majster i czeladnik, 1847). Sein Anteil an der Vorbereitung eines nationalpolnischen Theaters war bedeutend.

Zu dieser Zeit konzentrierte sich das Theaterleben nicht mehr allein auf Warschau; auch Lemberg und Krakau gewannen zunehmend an Bedeutung. Trotz der Schließung des Nationaltheaters

(1832) im Zuge der verstärkten Russifizierungspolitik nach dem Novemberaufstand konnte sich der Theaterbetrieb in Warschau jedoch sehr schnell wieder erholen; neben dem Varieté-Theater (Rozmaitości) spielten das von Antonio Corazzi 1833 erbaute „Große Theater" (Teatr Wielki) sowie zahlreiche Warschauer Gartentheater.

7. Die Sprache

Nach der Niederwerfung der Aufstände verstärkten sich die Germanisierungs- und Russifizierungsbestrebungen der Besatzungsmächte. Die Universitäten von Warschau und Wilna wurden geschlossen und die „Gesellschaft der Freunde der Wissenschaften" war gezwungen ihre Tätigkeit einstellen; all dies wirkte sich auf das geistige Leben negativ aus.

Da zudem in den Schulen die polnische Sprache nach und nach verdrängt und z.T. nur noch als Wahlfach unterrichtet wurde, griff die polnische Bevölkerung zur Selbsthilfe. Weil Unterrichtsbücher fehlten, wurde in der Regel die verbotene Emigrantenliteratur der Romantiker genutzt.

Gerade die Romantiker schrieben der Sprache eine große Bedeutung zu. Ihre Vorstellungen von der bedeutenden Funktion der Dichtung schlugen sich in der Auffassung nieder, dass der Dichter das Recht und die Pflicht habe, sprachschöpferisch tätig zu sein. Die Erneuerung der Sprache war nötig, denn der Klassizismus bediente sich vielfach einer archaistischen Sprache bei einem beschränkten Wortschatz. Die Bereicherung der Sprache geschah sowohl durch Entlehnungen aus Fremdsprachen, als auch durch Nutzung bisher unberücksichtigter Sprachschichten sowie durch Neologismen und durch Aktualisierung von Archaismen.

Der Themenkreis der „östlichen Exotik" bedingte den Gebrauch zahlreicher Orientalismen, wie *dywan* (Teppich), *turban, harem* usw., und Ukrainismen (*pohaniec,* pol. *poganin*–Heide), *hospodin,* pol. *gospodarz*–Hausherr) usw. neben den Russismen wie *ikona, turma* ist ein Gebrauch von Provinzialismen, die z.T. aus dem polnisch-weißrussischen Sprachraum stammen, zu verzeichnen.

Das Streben nach der historischen Authentizität hatte Anwendung polnischer Archaismen zur Folge. Dabei spielte das *Wörterbuch* von S.B. Linde als Sprachschatz eine wichtige Rolle. Für vieles mussten neue Bezeichnungen geschaffen werden. Von etwa 800 Neologismen der polnischen Romantiker entfallen auf Słowacki allein 250, während bei Z. Krasiński und Mickiewicz die Zahl wesentlich geringer ist.

Durch die Schaffung vieler rhetorischer Figuren (Metaphern, Tropen, Vergleiche usw.) erreichte die Sprache der Romantik eine Vielschichtigkeit des poetischen Stils. Einer solchen breiten Skala der sprachlichen Mittel hatte die polnische Sprache bis zu dieser Zeit entbehrt.

Zu verzeichnen ist die Verfeinerung der Versifikation, die außer dem traditionellen 11- und 13-silbigen Versmaß, den 8-, 14- und 15-silbigen und Versuche im sylabotonischen Versmaß aufweist.

POSITIVISMUS

1. Die Publizistik

Im Unterschied zu den vorangegangenen Epochen wurde der Positivismus[14] — so wird der Realismus in der polnischen Literaturgeschichte genannt — durch die Publizistik theoretisch vorbereitet.

Nach den polnischen Aufständen setzte eine rege Entfaltung der Publizistik ein, die im Zusammenhang mit der Entwicklung des Pressewesens zu sehen ist. In dem sich nun auf breiterer Basis vollziehenden Meinungsaustausch räumte man zwar sozialen und politischen Problemen Vorrang ein; doch auch die Frage nach der Funktion der Dichtung fand publizistisches Interesse.

Der im *Athenäum* veröffentlichte Artikel *Romantik und ihre Folgen* (Romantyzm i jego skutki, 1876) des Warschauer Priesters Franciszek Krupiński wandte sich gegen die Ideologie der romantischen Dichtung.

Die Kritik am polnischen Messianismus degradierte die Dichtung der Romantik samt ihrer Ideologie zur puren Fiktion. Eine andere, realistische Einstellung zur Geschichte und Bedeutung der eigenen Nation begann sich durchzusetzen. Die Publizisten des *Literarischen Tageblattes* (Dziennik Literacki) wie der Historiker Józef Szujski oder der Philosoph Józef Supiński wiesen auf die Schuld aller Gesellschaftsschichten an den Teilungen Polens hin. Es bestehe daher keine Veranlassung, an eine Weltmission des eigenen Volkes zu glauben. Vielmehr entwickle jedes Volk seinen Eigenwert, der freilich von den Verhältnissen, in denen es lebt, abhängig sei. Deshalb gelte es, die „organische Arbeit" in allen Bereichen des politischen, ökonomischen und kulturellen Lebens zu propagieren, um durch Bildung und Aufklärung die „Mündigkeit" des Volkes zu erzielen. Dabei schrieb man der Dichtung eine didaktische Funktion zu. Auf dem Wege der Evolution sollte das polnische Volk die staatliche Unabhängigkeit erreichen. Dies be-

---

[14] Diese Bezeichnung geht zurück auf das Werk Auguste Comte's: Cours de Philosophie positive. (1830–1842).

deutete eine Absage an die Dichtung der Romantik, die dazu beitrug, die Aufstände zu schüren.

Dieses Programm der polnischen Positivisten sollte durch die neue führende Schicht, die Intelligenz, durch „Arbeit an den Grundlagen" (praca u podstaw) der Gesellschaft verwirklicht werden. Das Hauptsprachrohr der Positivisten war die seit 1866 erscheinende *Wochen-Rundschau* (Przegląd Tygodniowy). Ihr Redakteur Adam Wiślicki wurde zum führenden Organisator der publizistischen Propaganda.

Als bedeutendster Publizist der positivistischen Bewegung wird jedoch Aleksander Świętochłowski (1849–1938) angesehen, der zunächst für die *Wochen-Rundschau*, später für die *Nachrichten* (Nowiny) schrieb. Von 1881 an gab er 20 Jahre lang die von ihm selbst gegründete Wochenschrift *Wahrheit* (Prawda) heraus. Świętochłowski, der die Ideen des aufsteigenden Bürgertums propagierte, der sich als fortschrittlich ausgab, entfaltete in seinen polemischen Artikeln, die gegen den sozialen, religiösen und sittlichen Konservatismus gerichtet waren, seine publizistische Fähigkeit. In seinen Arbeiten setzte er sich ferner sowohl für die Entfaltung der modernen Wissenschaften als auch für die positivistische Belletristik ein; darüber hinaus ist er auch als Autor mehrerer Novellen und Dramen bekannt. Viele der berühmten Schriftsteller des polnischen Positivismus wie Prus, Sienkiewicz u.a. sammelten ihre ersten schriftstellerischen Erfahrungen als Journalisten.

Die „Geburt des polnischen Positivismus" wird in der Regel mit dem blutig unterdrückten polnischen Januaraufstand von 1863 angesehen; doch diese neue Strömung erstreckte sich zunächst nur auf das Königreich Polen (pozytywizm warszawski). Der Positivismus, der Anregungen von den Franzosen, den Engländern (H. Spencer und J. St. Mill), erfuhr, entfaltete seine Wirkung dann bald in Posen und Galizien und erwies sich auch dort bis in die 80er Jahre hinein als maßgebende Ideologie, an der sich die Literatur orientierte.

2. Der realistische Roman

Die Romane der Positivisten enthalten in der Regel eine didaktische Tendenz, die sowohl durch die Betrachtungen des Erzählers oder durch die direkte Rede der Helden als auch durch satirische und parodistische Einlagen zum Ausdruck kommt.

Die Gattung des historischen Romans lässt zwei Richtungen erkennen: die eine, die Stoffe der Antike bevorzugt und die andere, die sich Themen der polnischen Geschichte widmete und die als Reflex auf die anhaltende Diskussion über die Vergangenheit Polens angesehen werden kann.

Während sich Eliza Orzeszkowa (1814–1910) in ihrem Roman *Verehrer der Macht* (Czciciel potęgi) in die Zeit der griechischpersischen Kriege vertiefte, nahm Bolesław Prus (Pseudonym für Aleksander Głowacki, 1847–1912) den Stoff für sein Werk *Pharao* (Faraon, 1895), aus der Geschichte Ägyptens.

Auf historische Quellen gestützt, schildert Prus in seinem Roman den Kampf des Pharao Ramses XIII. (9. v. Chr.) gegen die konservative Priesterkaste um die Herrschaft des Staates. Zwar unterliegt in diesem Kampf der junge, nach Reform der ägyptischen Gesellschaft strebende Herrscher, doch seine Ideen werden nach und nach von seinem Widersacher, dem Hohepriester Herhor, verwirklicht. Die mutige und zielstrebige, aber wenig umsichtige Einzelpersönlichkeit des Pharao unterliegt dem Ehrgeiz und der Intelligenz des durchaus positiv geschilderten Herhor. Der Hohepriester, der die Interessen seiner Kaste rücksichtslos und ohne Gnade vertritt, macht sich die wissenschaftlichen Erkenntnisse vom Eintreten der Sonnenfinsternis zunutze, um seinen Gegner, der diesem Ereignis wenig Bedeutung zumisst, zu Fall zu bringen. Dabei macht Prus auf einen der wichtigsten Leitsätze der Positivisten aufmerksam: „Wissen ist Macht".

Die Übertragung der sozialen und politischen Verhältnisse des 19. Jh. auf das Land der Pharaonen weist auf zeitgeschichtliche Vorgänge hin, die verschleiert dargestellt werden sollten, wie etwa die vom Zaren durchgeführte Bauernbefreiung in Kongresspolen, die der Festigung seiner Macht diente und die Kluft zwischen Adel und Bauern vertiefte.

Diesem ausgezeichneten Werk war jedoch kein internationaler Erfolg beschieden. Dagegen erlangte der historische Roman *Quo vadis* (1896) von Henryk Sienkiewicz (1846–1916) unumstrittenen Weltruhm.[15] Der Nobelpreisträger Sienkiewicz befasste sich in diesem Werk mit den Anfängen des Christentums im untergehen-

---

[15] Eine vollständige deutsche Übersetzung dieses Buches erschien 1930 in Berlin.

den römischen Imperium zur Zeit Neros. Die Darstellung des Lebens der Christen wird allerdings zugunsten der ausführlichen, geschichtsgetreuen Schilderung eines dekadenten Rom vernachlässigt. Sienkiewiczs Bemühen um ein historisches Lokalkolorit, die meisterhafte Wiedergabe von Massenszenen und die Zeichnung psychologisch gut motivierter Persönlichkeiten, wie Nero oder Petronius, werden bei diesem Werk besonders stark beachtet und gewürdigt.

In weiteren historischen Romanen behandelt Sienkiewicz Ereignisse aus der Geschichte Polens. Zunächst galt sein historisches Interesse der zweiten Hälfte des 17. Jhs., die schon von den Dichtern des Barock bevorzugt dargestellt wurde. Die Kriege mit den Kosaken, Schweden und Türken mit dem Sieg der Polen bei Chocim lieferten ihm genug Stoff für seine Trilogie *Mit Feuer und Schwert* (Ogniem i mieczem, 1883), *Sintflut* (Potop, 1886)[16] und *Herr Wołodyjowski* (Pan Wołodyjowski, 1887–1888) die er zur „Erquickung der Herzen" (dla pokrzepienia serc) schrieb. Dieses große Prosawerk, das in den historischen Bildern des Malers Jan Matejko eine Entsprechung findet, vermittelt dem Leser Spannung, obwohl manche Schematimen angewandt werden, wie z.B. das Liebesmotiv, das ähnlich wie im Märchen stets nur als Dreiecksverhältnis konstruiert wird. Elemente der Abenteuer- und Ritterromane mit der typisierenden Zeichnung von Personen wie dem edlen Ritter Skrzetuski und dem prahlerischen Abenteurer Zagłoba u.a. sind unverkennbar. Hervorzuheben ist der differenzierte Umgang mit der Sprache, die der Herkunft der jeweiligen Figur adäquat ist. Bei dieser Stilisierung tritt die Anlehnung an die Sprache Paseks deutlich hervor. Den historischen Ereignissen kommt in der Komposition dieser Werke eine besondere Rolle zu; denn sie treiben die Handlung voran.

Neben der unterhaltenden Funktion hatten diese populären epischen Werke die Aufgabe, die Erinnerung an die nationale Vergangenheit und das Streben nach nationalstaatlicher Unabhängigkeit beim Leser wach zu halten. Für viel bedeutender hielt Sienkiewicz freilich seinen historischen Roman *Die Kreuzritter* (Krzyżacy, 1900), der ebenfalls ein Kapitel aus der polnischen Geschichte behandelt. Er schildert den nach Taten trachtenden Adel des polnisch-litauischen Spätmittelalters. Auch andere Bevölke-

---

[16] In deutscher Sprache ist dieser Roman unter dem Titel *Sturmflut* im Jahre 1901 in Leipzig veröffentlicht worden.

rungsschichten werden ausführlich dargestellt, wie z.B. die Bauern, das Bürgertum und vor allem die Geistlichkeit.

Das zentrale Liebesmotiv weicht insofern vom gewohnten Schema ab, als es zu einer sich allmählich entwickelnden Liebesbeziehung zwischen Zbyszko, dem ritterlichen Helden, und der mutigen, burschikosen Jagienka kommt. Freilich fehlt es auch in diesem Werk, dem das historische Thema der wechselhaften politischen Beziehungen zwischen Polen und dem Ordensstaat zugrunde liegt, nicht an bataillistischen Szenen. Die Schilderung der Schlacht bei Tannenberg (Grunwald, 1410), einer der größten Ritterschlachten des späten Mittelalters, stellt den Höhepunkt des Romans dar, wobei sowohl die chronikalische Aufzeichnung Długoszs als auch das Gemälde des Zeitgenossen Sienkiewiczs, Matejkos, als Vorbild dienten. Die Hervorhebung der Schlacht und des Sieges über den Orden bedeutete bei der zeitbedingten unvermeidlichen Identifizierung des Ordens mit dem Deutschen Reich sicherlich für das Nationalbewusstsein der Polen eine willkommene Stärkung. Der Roman zeichnet sich zudem durch meisterhafte Beschreibung der Landschaften, Jagdszenen und Landwirtschaft aus.

Neben den historischen Romanen erfreuten sich zur Zeit des Positivismus die Gesellschaftsromane einer großen Beliebtheit beim Publikum. Die Handlung dieser Romane spielte sich gewöhnlich in der Gegenwart ab.

Bolesław Prus großer Roman *Die Puppe* (Lalka, 1890), der die Geschichte einer zum Scheitern verurteilten Ehe zwischen der geistig leeren Aristokratin Izabela, der „Puppe", und dem erfolgreichen Kaufmann Wokulski erzählt, ist gleichzeitig eine realistische Darstellung der sozialen Verhältnisse in Warschau während der 80er Jahre mit den Vertretern des Groß- und Kleinadels, der Kaufleute, des Groß- und Kleinbürgertums, der Handwerker und der Studenten. Dabei erweist sich Prus als ausgezeichneter Beobachter und Humorist. Er erkennt nämlich, dass sozialer und wirtschaftlicher Fortschritt nicht unbedingt eine Veränderung der Psyche des Menschen zur Folge hat, dass diese vielmehr an den verinnerlichten Konventionen und Wertungen der Vergangenheit festhält. Deshalb scheitert auch der erfolgreiche Unternehmer Wokulski an seiner Illusion der „romantischen" Liebe, die ihn in den Kreis des morbiden, aber gesellschaftlich immer noch tonangebenden Adels führt. Doch der Pessimismus des Romans ist tendenziös, denn er ruft zur Entwicklung neuer gesellschaftlicher Verhaltensnormen auf.

In seinem zweiten großen Gesellschaftsroman *Die Emanzipierten* (Emancypantki, 1894) behandelte Prus das damals aktuelle Problem der Frauenemanzipation nicht ohne satirischen Hintergrund. Die erfolgreiche Verfechterin der Emanzipation, die Besitzerin und Leiterin eines Mädchenpensionats, Frau Latter, schildert Prus als Versagerin bei der Erziehung ihrer eigenen Kinder, die sie unbedingt in die höhere Gesellschaft aufgenommen sehen will. Ebenfalls scheitert die Hauptfigur des Romans, Madzia Brzeska, bei ihrem Versuch, sich als Lehrerin durchzusetzen. Nichtsdestoweniger bejaht der Verfasser die Emanzipation trotz der Opfer, allerdings auf „evolutionärem" Wege.

Großes Aufsehen erregte der in mehreren Sprachen übersetzte Roman *Marta* (1870) von Eliza Orzeszkowa (1841–1910), in dem sich die Autorin ebenfalls für die Frauenemanzipation einsetzt. Sie zeigt, wie unvorbereitet Frauen „aus gutem Hause" für eine selbständige Lebensführung sind. Die mittellose Witwe Marta, die für ihre Familie sorgen muss, ist der Aufgabe nicht gewachsen. Sie scheitert und endet tragisch. Schuld daran ist aber nicht nur ihre eigene Unfähigkeit, schuld sind auch die gesellschaftlichen Vorurteile, die Orzeszkowa besonders anprangert.

Den Höhepunkt des literarischen Schaffens Eliza Orzeszkowas stellt der Roman *An der Memel* (Nad Niemnem, 1888) dar. Dieses Werk, das gewisse Beziehungen zu Mickiewiczs *Herr Tadeusz* aufweist, entwirft ein Bild vom Leben des Landadels in Litauen, dem das des Hochadels gegenübergestellt wird. Die Barriere, die zwischen den beiden Adelsschichten besteht, wird dadurch beseitigt, dass die Aristokratin, die Hauptfigur des Romans, sich in ihrer Familie durchsetzt und ihren armen Nachbarn aus dem Kleinadel heiratet. Beide Familien stimmt zuletzt der Gedanke an den gemeinsamen nationalen Befreiungskampf versöhnlich. Die ausgewogene Komposition, die Naturschilderungen, die Beschreibung des Landlebens mit seinen Sitten und Gebräuchen machen den Roman zu einem der besten der polnischen Literatur.

Ein weiteres Anliegen der Schriftsteller des Positivismus war das aktuelle Problem der Juden, dem sich Orzeszkowa in ihrem Roman *Meir Ezofowicz* (1878) widmete. Hier wird ein Konflikt geschildert, den der fortschrittlich gesinnte, gegen das erstarrte orthodoxe Judentum ankämpfende Meir in dem realistisch beschriebenen kleinstädtischen Getto entfacht. Der idealistische Reformer Meir wird schließlich von seinen eigenen Glaubensbrüdern vertrieben. In ihrem zweiten Roman mit jüdischer Thematik *Eli Makower* (1874) behandelt Orzeszkowa einen aktuellen politischen Vorgang: den Aufkauf polnischen Bodens durch eine deutsche Gesellschaft. Bei einem großangelegten Unternehmen ist der Titelheld, Eli Makower, eine Zeitlang der Gesellschaft behilflich, indem er die polnischen Gutsbesitzer zum Verkauf ihrer Güter zu bewegen sucht. Diese Romane können als Polemik gegen den latenten Antisemitismus aufgefasst werden.

Auch Prus macht in seiner Erzählung *Vorposten* (Placówka, 1885), in der der Bauer Ślimak (Schnecke) sich den deutschen Kolonisten entgegenstellt, auf diese Vorgänge aufmerksam. Da die Kolonisten gerade Ślimaks Land für ein größeres Vorhaben benötigen, versuchen sie den Bauern mit massiven Mitteln zum Verkauf seines Landes zu drängen. Trotz schwerer Schicksalsschläge harrt Ślimak, wie eine „Schnecke", auf seinem Boden aus. Seine unnachgiebige Haltung macht sich am Ende bezahlt, denn die Kolonisten verlassen die Gegend.

Der realistischen Darstellung der Bauernwelt widmete sich auch Orzeszkowa in einigen Romanen, wobei ihr oft Gerichtsakten den Stoff liefern. So schildert sie im Bauernroman *Die Hexe* (Dziurdziowie, 1884) die Ermordung einer vermeintlichen Hexe in einem weißrussischen Dorf.

Der Njemenfischer (Cham, 1887), Orzeszkowas bekanntester Bauernroman, ist die Geschichte der Ehe eines gutmütigen Dorffischers mit einer verbrecherischen Magd.

Unter den großen epischen Werken des Positivismus verdient noch der Gesellschaftsroman *Ohne Dogma* (Bez dogmatu, 1891) mit dem Determinismus eines „l'improductivité slave" und der Abenteuerroman *In Wüste und Urwald* (W pustyni i w puszczy, 1911) von Sienkiewicz Aufmerksamkeit.[17] Dieser Roman, der die spannenden Afrika-Abenteuer zweier Kinder erzählt, die mit zwei schwarzen Begleitern, einem Hund und einem zahmen Elefanten allen Gefahren trotzen, zählt zu den klassischen Werken der Jugendliteratur.

---

[17] Schon ein Jahr nach der Veröffentlichung dieses Romans erschien in Hamm (1912) eine deutsche Übersetzung unter dem Titel *Durch die Wüste*.

3. Die Novellistik

Neben den großen Prosawerken erlebt in der Zeit des Positivismus im Bereich der kleineren epischen Formen die Novelle einen Aufschwung. Das hatte z.T. auch einen „praktischen" Grund; denn die Schriftsteller waren oft aus materiellen Gründen auf die Mitarbeit in Zeitschriften angewiesen, und eine Novelle konnte schneller geschrieben und leichter verkauft werden.

Die meisten Romandichter wie Orzeszkowa, Prus oder Sienkiewicz sind als Autoren von Novellen bekannt. Die Novelle, die in der Regel in einem der Umgangssprache nahestehenden Stil konzipiert wurde, schildert oft mit humoristischem Akzent vor allem das Leben der unteren sozialen Schichten. Unter der Wirkung Dickens scheint die Beschreibung der Kinder in der Erwachsenenwelt beliebt gewesen zu sein.

In seinen zahlreichen Novellen, die zwischen 1879–1882 entstanden, widmete sich Prus gerade diesem Thema, wobei er sowohl sein psychologisches als auch sein humoristisches Darstellungsvermögen zum Ausdruck brachte. So beschreibt er in *Anielka* das Leiden des Töchterchens eines verarmten Adligen, das die zerrüttete Ehe seiner Eltern und die Widersprüche in der Welt der Erwachsenen nicht verkraften kann. In *Antek* zeigt er dagegen die Gestalt eines hochbegabten Bauernknaben, der für seine Holzschnitzerei in seinem Dorf kein Verständnis findet. Die Empfindungen eines Kleinkindes beschreibt Prus in *Staś' Abenteuer* (Przygoda Stasia). Staś gewinnt bei seinem ersten Ausflug, bei dem er die vertraute Umgebung verlässt, neue Erfahrungen und bringt die Erwachsenen in arge Verlegenheit.

Auch in Sienkiewiczs Novellen werden Kinder dargestellt, wie z.B. der überforderte Michał in *Aus dem Tagebuch eines Posener Lehrers* (Z pamiętnika poznańskiego nauczyciela), der auf seine Kindheit verzichtet, um den Wünschen seiner Mutter nachzukommen. Seine mangelnde Begabung versucht er mit über seine physischen Kräfte gehendem Fleiß auszugleichen. Die Furcht, zu versagen, treibt ihn schließlich in eine tödliche Krankheit. Auch *Janko der Musikant* (Janko Muzykant), der nicht einmal zehnjährige Sohn einer Landarbeiterin, stirbt infolge der Brutalität der auf die Einhaltung der Ordnung bedachten Erwachsenen. Vom Wunsch erfüllt, einmal auf einer richtigen Geige zu spielen, dringt er nachts in den Gutshof ein. Er wird gefasst und als Dieb vor Gericht gestellt. Nach der Prügelstrafe stirbt der schwächliche Janko. Sienkiewiczs Sarkasmus kommt in der Schlussszene zum Ausdruck. Die aus Italien zurückgekehrte Herrschaft ist dermaßen von diesem Land begeistert, dass sie es als Glück empfindet, dort talentierte Menschen aussuchen und fördern zu können.

Wie in den Romanen wird auch in der Novelle die Bauernthematik genutzt. Vom hinterlistigen Treiben eines Gemeindeschreibers im Dorfe „Schafskopf" berichtet Sienkiewiczs Novelle *Die Kohlezeichnungen* (Szkice węglem). Der kleine Beamte nutzt die Unwissenheit der Bauern und ihre Angst vor dem Militärdienst aus, um die Frau eines Bauern zu verführen. Maryśka, die ihren Mann vor dem Militärdienst retten will, lässt sich schließlich mit dem Intriganten ein. Darauf wird sie von ihrem Ehemann erschlagen. Im Epilog verweist Sienkiewicz auf die Unwissenheit der Bauern und auf die gleichgültige Haltung der Intelligenz gegenüber Missständen bei der Organisation des Militärdienstes.

In Sienkiewiczs bekannter Novelle *Der Sieger Bartek* (Bartek zwycięzca) steht der Konflikt zwischen der einheimischen bäuerlichen Bevölkerung und den deutschen Kolonisten im Vordergrund. Der aus dem preußischen Militärdienst mit vielen Auszeichnungen entlassene polnische Bauer Bartłomiej Słowik bekommt in seinem Heimatdorf Streit mit einem deutschen Lehrer, der seinen Sohn züchtigte. Die Prügelei zwischen dem einstigen hochdekorierten Mitkämpfer in der Schlacht von Gravelotte und den deutschen Kolonisten bringt dem schon verschuldeten Bauern Haft und Geldbuße ein. Bei der Haftentlassung wird Bartek überdies der Befehl erteilt, sich für die anstehenden Wahlen für einen deutschen Kandidaten zu entscheiden. Deswegen wird er anschließend von seinen eigenen Leuten zum Verlassen des Dorfes gezwungen. Auch die kosmopolitisch eingestellte polnische Herrschaft verlässt ihren Hof, um nach Dresden zu reisen. Dem Adligen ist es nicht gelungen, als Abgeordneter gewählt zu werden. Seine Karriere als Bismarck. vergleichbarer „großer Politiker", von der er träumte, ist zu Ende, ehe sie begonnen hat.

Die angespannten polnisch-deutschen Beziehungen, allerdings in einem anderen Milieu, thematisierte auch Prus. In der Novelle *Die wiederkehrende Welle* (Powracająca fala, 1880) wird das Verhältnis zwischen polnischen Arbeitern und einem deutschen Unternehmer in Kongresspolen geschildert. Wegen der Schulden seines nichtsnutzigen Sohnes Ferdinand kürzt der erfolgreiche Fabrikant

Adler die Löhne seiner Arbeiter und entlässt den Fabrikarzt und den Feldscher. Folge dieser Einsparungen ist, dass ein in der Fabrik verunglückter Arbeiter verblutet. Aber die „Welle" schlägt zurück. In einem Duell fällt der einzige Sohn des deutschen Unternehmers. Der verzweifelte Vater brennt darauf die Fabrik nieder.

Die Problematik der Auswanderung der Bauern aus Großpolen in das „gelobte Land", nach Amerika, wird in der Novelle *Dem Brot nach* (Za chlebem) von Sienkiewicz behandelt. Der Autor, der selbst einige Zeit in Amerika verbrachte, schildert die schweren Lebensbedingungen der Kolonisten in Amerika, ihre Sehnsucht nach dem heimatlichen Dorf und die schließlich eintretende Katastrophe.

Auch seine Novelle *Der Leuchtturmwächter* (Latarnik) erzählt vom Wanderleben eines polnischen Emigranten in Amerika, von Skawiński, der endlich einen festen „Job" als Leuchtturmwächter erhält und eines Tages ein polnisches Buch zugeschickt bekommt, das polnische Nationalepos *Herr Tadeusz*, dessen Lektüre den Alten durch die lang entbehrte Sprache und die Erinnerungen so sehr fasziniert, dass er vergisst, das Licht des Leuchtturms anzuzünden. Dadurch wird ein Schiffsunglück verursacht, und man entlässt ihn sofort. Mit seinem „teuren" Buch begibt er sich nun wieder auf Wanderschaft.

Aus dem Zyklus Sienkiewiczs „amerikanischer" Novellen soll ihres parabolischen Charakters wegen *Sachem* erwähnt werden. Eine Stadt, deren indianische Bevölkerung von deutschen Kolonisten ausgerottet wurde, erlebt eine — wie es im Text heißt — „ganz gemütliche" Theatervorstellung. Als artistische Attraktion werden die Künste des letzten überlebenden Indianers Sachem dargeboten. Einen Augenblick lang glauben alle, dass der Indianer, als er sich einem brennenden Petroleumleuchter im Zuschauerrauch nähert und Kriegslieder singt, Rache üben will. Doch sein Gehabe entpuppt sich als ein eingeplantes Spiel. Statt Rache zu nehmen, nimmt der „Kollaborateur" Dollars an.

Auch die Novellen anderer Schriftsteller besitzen hohen künstlerischen Wert, wie z.B. die Sammlungen *Aus verschiedenen Sphären* (Z różnych sfer, 1879–1882), *Die Melancholiker* (Melancholicy, 1896) und *Die Funken* (Iskry, 1898) von Orzeszkowa oder die Prosawerke der bekannten Dichterin Maria Konopnicka (1842–1910), die Berühmtheit vor allem in der Versdichtung erlangte.

4. Die Versdichtung

Die Vorbehalte des Positivismus gegenüber der romantischen Poesie und die Dominanz der Prosa lassen die Lyrik in den Hintergrund treten. Die Zahl der Lyriker ist klein, denn die Versdichter wurden als solche nicht ernst genommen.

Außer Konopnicka hat noch Adam Asnyk (1838–1897) besondere Bedeutung erreicht. Asnyk, der in Heidelberg in Philosophie promovierte, engagierte sich nach seiner Rückkehr aus dem Ausland im politischen Leben Galiziens; er wurde Stadtrat und Abgeordneter im galizischen Landtag. Asnyk, der Bewunderer und Übersetzer H. Heines, schrieb insbesondere Liebes- und Reflexionslyrik. Seine vier Bände umfassende Gedichtsammlung *Poesie* (Poezje) erschien noch zu seinen Lebzeiten (1894). Die an Heine geschulte Ironie verwandte Asnyk meisterhaft sowohl in seinen Liebesgedichten als auch in programmatischen Gedichten.

Eine besondere Bedeutung haben die Gedichte *Das Publikum an die Dichter* (Publiczność do poetów) und *Die Dichter an das Publikum* (Poeci do publiczności), in denen das Verhältnis von Künstler und Rezipient behandelt wird. Asnyk weist auf die wechselseitige Beziehung zwischen der Größe eines Dichters und dem geistigen Niveau der jeweiligen Gesellschaft hin. Über seine Zeit äußert er sich in diesem Zusammenhang sehr pessimistisch:

> Wieku, co siły strwonił i nadużył.
> Nic nie postawił, chociaż wszystko zburzył.
>
> (Epoche, die ihre Kräfte vergeudete und missbrauchte, die nichts aufbaute, obwohl sie alles zerstörte.)

Asnyk, der sich nicht scheute, zu verschiedenen aktuellen Fragen in seinen Gelegenheitsgedichten Stellung zu nehmen, wie etwa in dem ironisch-satirischen Gedicht *Die neue historische Schule* (Historyczna nowa szkoła), in dem er die Krakauer Historiker angreift, war sich bewusst, dass er eben dieser Generation angehörte, die das „Greisenalter" erreicht hat. In der Ode *An die Jungen* (Do Młodych) ermuntert er zwar die „Unverbrauchten", ihren eigenen Weg zu gehen, warnt sie jedoch davor, die traditionellen Werte zu missachten:

> Szukajcie nowych, nie odkrytych dróg ...
> Ale nie depczcie przeszłości ołtarzy,
> Choć macie sami doskonalsze wznieść.

(Sucht neue; unentdeckte Wege, aber tretet nicht die Altäre der Vergangenheit nieder, auch wenn ihr vollkommenere errichten sollt.)

Sein Sonett-Zyklus *Über den Tiefen* (Nad głębiami, 1883–1894) enthält sozialphilosophische Überlegungen, die sich vor allem an der Philosophie Kants orientieren. Er entwickelt dabei eine eigene, auf der Solidarität beruhende sozialethische Theorie. Optimistisch äußerte sich Asnyk außerdem zu der nationalen Wiedergeburt des polnischen Staates.

Diese mit wissenschaftlicher Erkenntnis untermauerte „intellektuelle" Lyrik verfasst der Dichter in einer adäquaten Sprache, die sich durch Sachlichkeit und Präzision auszeichnet. Erwähnung verdient auch Asnyks Fähigkeit zur Naturschilderung, die etwa in dem Gedichtzyklus *In der Tatra* (W Tatrach) zum Ausdruck kommt.

Trotz vieler Übereinstimmungen mit Asnyk trägt die Dichtung Konopnickas einen anderen Charakter. Der Unterschied wird bereits in ihren *Bildern* (Obrazki), den realistischen Skizzen aus dem Leben der Elenden und Unterdrückten deutlich. Diese *Skizzen* aus der Gedichtsammlung *Poesie* (Poezje, 1881) weisen thematische Ähnlichkeit mit den Novellen Sienkiewiczs und Prus' auf. Konopnicka zeigt oft Kindergestalten, die unmittelbar Mitleid erregen, z.B. eine kleine Waise vor dem Gericht (Przed sądem), oder Dorfkinder, die in der Kälte auf dem Gutshof Weihnachtslieder singen, in: *Mit dem Krippenspiel* (Z szopką). Die zahlreichen Hinwendungen zu Gott werden dort zur Klage.

Konopnickas *Skizzen* behandeln auch andere aktuelle soziale Themen, die auf ein starkes Engagement der Dichterin schließen lassen. *Der freie Tagelöhner* (Wolny najmita) weist auf die soziale Lage des „befreiten" Bauern hin:

> Czegóż on stoi? wszak wolny jak ptacy?
> Chce — niechaj żyje, a chce — niech umiera; ...
> Nikt się, co robi, jak żyje, niespyta ...
> Choćby padł trupem, nikt słówka nie powie ...
> Wolny najmita!

(Warum steht er herum, er ist doch vogelfrei? Wenn er's will — soll er leben, aber will er's — mag er sterben. Keiner fragt, was er tut, wie er lebt. Wenn er auch tot umfällt, niemand sagt ein Wort. Der freie Tagelöhner!)

Mitunter finden sich in den *Bildern* politische Anspielungen, die an die Zeitgenossen gerichtet sind, wie etwa der tanzende slavische Sklave („Sclavus saltans"), der beim Hüpfen vergisst, dass ihn die Kette fesselt (Skacząc, zapomniał, że go łańcuch więzi ...).
In einem weiteren Gedichtzyklus lässt sich eine Hinwendung der Dichterin zur Volkspoesie erkennen. In ausdrucksvollen Bildern aus dem bäuerlichen Leben macht sie sich sowohl die Motive als auch die formalen Elemente des Volksliedes zueigen. (*Von den Wiesen und Wäldern* – Z łąk i pól – *Auf der Hirtenflöte* – Na fujarce – u.a.) Konopnicka rettete die Ballade in die „unpoetische" Zeit hinüber. Ihre Ballade von dem nicht heldenhaften Bauernsoldaten Stach *Als der König zog* (A jak poszedł król) wurde auch in Russland bekannt:

A jak poszedł król na wojnę,
Grały jemu surmy zbrojne,
Grały jemu surmy złote
Na zwycięstwo, na ochotę.

A jak poszedł Stach na boje,
Zaszumiały jasne zdroje,
Zaszumiało kłosów pole
Na tęsknotę, na niedolę ...

Stach śmiertelną dostał ranę
Król na zamek wracał zdrowy ...
A jak wjeżdżał w jasne wrota
Wyszła przeciw zorza złota

I zagrały wszystkie dzwony
Na słoneczne świata strony.
A jak chłopu dół kopali,
Zaszumiały drzewa w dali,
Dzwoniły mu przez dąbrowę
Te dzwoneczki, te liliowe ...

(Als der König in den Krieg zog, bliesen ihm die Kampfposaunen, bliesen ihm die goldenen Posaunen zum Siege, zur Freude. / Als Stach in den Krieg zog, rauschten die klaren Quellen, rauschten die Kornfelder, vor Sehnsucht, aus Kummer. / Stach wurde tödlich verwundet, der König kehrte heil aufs Schloss zurück. / Und als er in das helle Tor hineinritt, leuchtete die Morgenröte, und alle Glocken begannen zu läuten nach den sonnigen Seiten der Welt. / Und als man dem Bauer die Grube grub, rauschten die Bäume in der

Ferne, läuteten ihm durch den Eichenwald die Glöckchen der Lilien.)

In ihren Gedichten spielt Konopnicka mit neuen strophischen Formen mit der Neigung zum tonischen Versmaß, was der polnischen Versdichtung der syllabischen Tradition widerspricht. Bezeichnend ist ferner, dass Konopnicka in dieser ausgeglichenen, von der Volkspoesie beeinflussten Lyrik ihre Kritikfähigkeit beibehalten hat.

Im Revolutionsjahr 1905 veröffentlichte Konopnicka das *Historische Liederbuch* (Śpiewnik historyczny), das an die *Historischen Gesänge* von Niemcewicz erinnert, das aber nur die für Polen politisch wichtige Zeit zwischen 1767 bis 1863 behandelt. In ihrem letzten, umfangreichen Werk *Herr Balzer in Brasilien* (Pan Balzer w Brazylii, 1910), das eher einem Roman in Versen als einem Epos gleicht, beschreibt die Dichterin das Schicksal der polnischen Auswanderer, ihre Enttäuschungen und ihre Rückkehr in die Heimat. Das wenig geglückte Werk, das durch Titel (*Herr Balzer*) und Form auf das polnische Nationalepos *Herr Tadeusz* anspielt, erbrachte der bekannten Dichterin nicht die erhoffte bedeutende Stellung in der polnischen Literatur. Nichtsdestoweniger zählt Konopnickas Versdichtung zu den wichtigsten der polnischen Literatur, da sie sich nicht scheute, solche Gedichte zu veröffentlichen, die dem „Zeitgeist" nicht entsprachen.

5. Der Naturalismus

Der Naturalismus konnte sich in der polnischen Literatur nicht entscheidend durchsetzen. Die verfestigten gesellschaftlichen Normen machten es selbst den „radikalsten" unter den Positivisten unmöglich, die Konventionen zu durchbrechen. Freilich fehlte es nicht an Versuchen dieser neuen literarischen Richtung, sich in Warschau Geltung zu verschaffen. Dieser Aufgabe widmete sich in den Jahren 1884–1887 die Zeitschrift *Der Wanderer* (Wędrowiec), zu deren Mitarbeitern die polnischen Naturalisten Antoni Sygietyński (1850–1923) und Stanisław Witkiewicz (1851–1915) zählten.

Während Sygietyński mit seiner Studie über den zeitgenössischen französischen Roman u.a. E. Zola und Flaubert bekannt machte, focht St. Witkiewicz gegen den Historismus in der Malerei an. Beide schrieben Romane, die allerdings bedeutungslos blieben.

Bemerkenswert sind dagegen die Romane und Novellen des bedeutendsten Vertreters des polnischen Naturalismus, Adolf Dygasiński (1839–1902), der ebenfalls zu den Mitarbeitern des *Wanderers* gehörte. Dygasiński, Pädagoge, Buchhändler und Publizist, beschäftigte sich autodidaktisch mit den Naturwissenschaften und wurde vor allem von der Theorie Darwins inspiriert; er propagierte sie sowohl publizistisch als auch künstlerisch. Von diesem Gedankengut sind vor allem seine zahlreichen Novellen vom Leben der Tiere und ihrem „Kampf ums Dasein" geprägt. So wird z.B. das Schicksal eines von der Natur stiefmütterlich bedachten Hasen, den ein Fuchs peinigt, in der Novelle *Der Hase* (Zając, 1900) anthropomorph dargestellt.

Als Lehrer verfügte Dygasiński über psychologische Kenntnisse, die er insbesondere in seinen Erzählungen vom Leben der Kinder und Jugendlichen verwendete. Bestimmend für die Wahl seiner Stoffe ist die starke Neigung zu Themen aus dem bäuerlichen Lebensbereich. Der Roman *Beldonek* (1889) stellt das Schicksal eines künstlerisch begabten Dorfjungen dar, der sich in Begleitung eines alten Landstreichers nach Tschenstochau begibt. Das Werk weist Gemeinsamkeiten sowohl mit *Antek* (Prus) als auch mit *Janko der Musikant* (Sienkiewicz) auf. Dygasińskis letztes Werk *Das Lebensfest* (Gody życia, 1902) trägt schon ausgeprägte Züge symbolistischer Darstellungsweise.

Eine konsequente Vertreterin des Naturalismus war Gabriela Zapolska (1857–1921). Sie wählte durchweg provozierende Themen für ihre Werke, die sich gegen die gesellschaftlichen Konventionen richteten. Von den französischen Naturalisten beeinflusst, wagte sich Zapolska an das bis dahin von der Literatur gemiedene Thema der Sexualität und versuchte die heuchlerische Spießbürger-Moral zu entlarven. In dem Roman *Käthe Kariatyda* (Kasia Kariatyda, 1888) stellt sie das Dienstmädchen Kasia als Ausbeutungsobjekt der Lemberger Wüstlinge dar. Das Schicksal dieses Bauernmädchens spiegelt auch die grundsätzlich pessimistische Lebensanschauung der Schriftstellerin wider.

Wegen seines historischen Gehalts wird Zapolskas Roman *Der Wald beginnt zu rauschen* (Zaszumi las, 1899) geschätzt. Dieser Schlüsselroman vermittelt ein Bild von der Situation der polnischen Emigranten in Paris zu der Zeit, als der unter den Künstlern und Studenten lebhaft diskutierte radikale sozialistische Gedanke aufkam.

Zwar scheiterten die Versuche Zapolskas, als Schauspielerin Karriere zu machen, doch die erworbene Bühnenerfahrung — sie trat in Warschau, Krakau, Lemberg und Paris auf — zahlte sich in ihren dramatischen Werken aus. Als Dramatikerin hatte sie außergewöhnlichen Erfolg.

6. Das Theater

Die Bühnendichtung des Positivismus, eingeschränkt von der Zensur, wurde in erster Linie von dem Bestreben nach ‚Aktualität' geleitet. Manche Züge der Bühnenwerke — ihre Sujets, das Personal, ihr Stil und nicht zuletzt ihre „Tendenzen", — waren in noch stärkerem Maße didaktisch geprägt als das schon bei den anderen literarischen Gattungen der Fall war.

Zur Zeit des Positivismus lässt sich wiederum ein verstärkter französischer Einfluss auf das polnische Theaterleben feststellen. Neben der heimischen dramatischen Tradition der Romantik (Fredro und J. Korzeniowski) wirkten auf die Entwicklung der Gesellschaftskomödie vor allem die französischen Dramatiker Eugéne Scribe, Victor Sardou, Emil Augier und Octave Feuillet.

Józef Narzymski (1839–1872) führt die Gesellschaftskomödie französischer Prägung auf der Warschauer Bühne ein. In seinen beiden besten Komödien *Die Epidemie* (Epidemia, 1871) und *Die Positiven* (Pozytywni, 1872) brandmarkte er die rücksichtslosen Börsenspekulanten und die Mitgiftjäger.

Anderen Themen wandte sich der talentierte Zeichner und Humorist Józef Bliziński (1827–1893) zu. Er porträtierte in seinen Komödien mit Vorliebe das Landleben der Kleinadligen. Seine meisterhaft charakterisierten Figuren, wie der mit sarmatischen Tugenden bedachte gute Vater Damazy in der Komödie *Herr Damazy* (Pan Damazy, 1877), lassen das schematische Konstruktionsprinzip seiner Dramen vergessen. Der Eheschließung eines jungen Paares steht die Mittellosigkeit des Bräutigams entgegen. Eine unerwartete Erbschaft rettet als „Deus ex machina" das Glück der jungen Leute. Obwohl Bliziński in der Regel gesellschaftspolitisch unverfängliche Komödien schrieb, so verleugnet er besonders in *Die Schiffbrüchigen* (Rozbitki, 1881) nicht seine Antipathie gegenüber dem hohen Adel, den er als „Lumpenpack" (hołota), „leuchtenden Moder" (świecące próchno) u.a. bezeichnet.

Das Vorherrschen der Prosa während der Zeit des Positivismus wirkte sich auf das Drama insofern aus, als sich in den dramatischen Werken mehr und mehr die ungebundene Sprache durchsetzt. Dieser Prozess wurde durch die häufige Dramatisierung von Prosawerken wie Novellen oder Romanen beschleunigt.

Neben Michał Bałucki und Zygmunt Sarnecki machte sich auch Zapolska ihre Erfahrung auf dem Gebiet der Prosa für ihre Dramen zunutze. Sie dramatisierte ihre eigenen Romane wie den obengenannten *Käthe Kariatyda* u.a. Sie weiß sich dabei auch in ihren „patriotischen" Dramen: *Sibirien* (Sybir, 1900), *Jener* (Tamten, 1899) u.a. der melodramatischen Effekte zu bedienen. Diese in Krakau und Lemberg aufgeführten Stücke handeln vom Martyrium der polnischen Gefangenen in russischen Gefängnissen. In ihren dramatischen Werken berührte Zapolska auch das Problem der Juden. Die in den Dramen *Małka Szwarcenkopf* (1897) und *Jojne Firułkes* (1898) aufgeworfenen Fragen stimmen mit denen bei Orzeszkowa überein.

Zapolskas bekanntestes Stück, das bis heute noch aufgeführt wird, ist *Die Moral der Frau Dulska* (Moralność pani Dulskiej, 1907). Diese „spießbürgerliche Tragifarce" zeigt die Doppelmoral einer frommen Spießbürgerin, die sich als Haustyrannin gebärdet. Der stark überzeichnete Typus einer „Meisterheuchlerin" wird zwar mit primitiven, aber sehr eindringlichen psychologischen Mitteln geschildert, so dass er nicht zur Karikatur wird.

Die politische Sonderstellung Galiziens mit seinem Autonomiestatus wirkte sich auf das Theaterleben insofern aus, als sich Krakau und Lemberg zu neuen geistigen Zentren entwickeln und sich unbehindert entfalten konnten. Dies führte dazu, dass es vor allem in Krakau bald ein modernes polnisches Theaterleben gab.

7. Die Sprache

Den verstärkten Russifizierungsbestrebungen in Kongresspolen begegneten die Polen nicht nur mit passivem Widerstand, sondern auch durch aktive Bildungsarbeit auf privater Basis. Es wurden zu diesem Zweck Vereine und Gesellschaften gegründet. Eine bedeutende Rolle spielte der geheime Unterricht, an dem die Bevölkerung zahlreich teilnahm. Zu diesem nationalen Anliegen leisteten die positivistischen Schriftsteller mit ihrem tendenziösen Schrifttum einen ersichtlichen Beitrag.

Während in Galizien die polnische Sprache nach und nach an den Schulen und Universitäten (Krakau und Lemberg) wieder eingeführt und Polnisch im Jahre 1869 zur Amtssprache erhoben wurde, kam es in den von Preußen besetzten Gebieten infolge des „Kulturkampfes" zu repressiven Maßnahmen gegenüber den polnischen Schulen. Daher lässt sich ein starker Einfluss der deutschen Sprache auf das Polnische feststellen. Schule, Amt, Militärwesen, Bücher und Zeitschriften leisteten dieser Entwicklung Vorschub. Es ist beachtenswert, dass sich der Einfluss nicht nur auf die Intelligenz beschränkte, sondern auch andere soziale Schichten erfasste, wie z.B. die Handwerker, die in ihrem Argot solche Wörter einführten wie: *szabelcangi*, *hobelbank*, *holcszruba*, *kapa* usw. Während in die Umgangssprache nur einzelne Lexeme (*fajno*, *frajda*, *heca*, *śpas*, *wicować*) eingegangen sind, sind in der Schriftsprache darüber hinaus deutsche Einflüsse in der Syntax und durch Wortneuschöpfungen bemerkbar; z.B. *podczas gdy*–während, als; *stawać wymagania*–Anforderungen stellen; *wyciągać wniosek*–Schluss ziehen usw. Als Germanismen werden die Komposita aus Präfix *przed-* (in der Bedeutung „vor") und Verbum angesehen: *przedstawić*–vorstellen, *przedłożyć*–vorlegen usw. Auch eine Tendenz zu Nominalkomposita nach deutschem Vorbild macht sich bemerkbar: *parowóz*–Dampfwagen, *czasopismo*–Zeitschrift, *światopogląd*–Weltanschauung, *językoznawstwo*–Sprachkunde usw.

Über die deutsche Sprache gehen auch Anglizismen ins Polnische ein. Russismen sind in der polnischen Sprache dagegen seltener vertreten.

Bereichert wurde die Literatursprache zudem durch Vulgarismen und Prosaismen, die aus der Journalistik und sogar teilweise aus der wissenschaftlichen Literatur übernommen wurden.

Die Entwicklung der naturwissenschaftlichen Disziplinen in der zweiten Hälfte des 19. Jh. führte zwanglos zur Erweiterung des Wortschatzes, vor allem in der speziellen Terminologie. In der Regel wurde trotz gewisser kulturpolitischer Bedenken und nationaler Antagonismen die bereits vorhandene Terminologie übernommen.

JUNGES POLEN

1. Die literarischen Manifeste

Gegen die tendenziöse, ausschließlich durch Vernunft geprägte Dichtung, gegen die vorherrschende realistische Stilrichtung lehnte sich die junge Schriftstellergeneration auf. Der Mangel an erstrebenswerten Idealen sowie das Fehlen eines einschneidenden historischen oder sozialen „Erlebnisses" mündeten bei den Vertretern der polnischen Moderne in eine Enttäuschung über die Wirkungslosigkeit der positivistischen Literatur. Die polnische Moderne, die sich in Anlehnung an die Bezeichnungen „Junges Deutschland", „Junges Skandinavien" u.a. „Junges Polen" (Młoda Polska) nannte, betonte insbesondere die ästhetische Funktion der Dichtung und widmete den literarischen Strömungen der Moderne in Westeuropa große Aufmerksamkeit. Vor allem die Werke von E. A. Poe, Ibsen, O. Wilde, Maeterlinck, St. George, A. Schnitzler, G. Hauptmann und die französischen Lyriker Baudelaire, Verlaine, Mallarmé u.a. übten nachhaltigen Einfluss aus. Die Entwicklungen der neuen westeuropäischen Literatur spiegelten sich zunächst bei den Dichtern, die diese Neuerungen in einigen Elementen ihres Schaffens selbst kaum wahr nahmen.

Die Vorrede Miriams (Pseudonym für Z. Przesmycki) zu einer Auswahl der dramatischen Werke Maeterlincks in polnischer Übersetzung 1894 war schon ein Manifest der Moderne. Dort äußert sich Miriam, beeinflusst von Maeterlinck, über das Wesen des Symbols, das er als kunstimmanent ansieht; denn „eine große wesentliche Kunst, eine unsterbliche Kunst war und ist symbolisch". Da es keine Dichtung ohne Symbole gibt, so folgert er, ist jeder Dichter mehr oder weniger ein Symbolist, und je nach seiner künstlerischen Individualität bedient er sich einer anderen Form des Symbols. Das Symbol — im Unterschied zur Allegorie — ist mystischer Natur. Als vielschichtiges Gebilde, das viele Möglichkeiten der Interpretation zulässt, erzeugt es beim Rezipienten durch seine Ungewissheit gegenüber dem Sachverhalt eine eigenartige, auf ihn suggestiv wirkende Beunruhigung. Während Miriam den symbolischen Charakter der Dichtung betonte, machte A. Górski in der Artikelserie mit dem bezeichnenden Titel *Młoda Polska* (Junges Polen), die in den Jahren 1897–1900 in der Zeitschrift *Das Leben* (Życie) erschien, u.a. auf die nationale Gesinnung der neuen literarischen Richtung aufmerksam und wandte sich entschieden gegen den Vorwurf des Kosmopolitismus, den man allzu oft der Avantgarde unterstellte. Das charakteristische Merkmal der jungen Dichtergeneration sieht er in ihrem Individualismus und in ihrer philosophischen Reflexion. Die Abkehr der Jungen Polen von der Wirklichkeit, von der „Idee der Tat", führte Górski sowohl auf die Vorbilder der Literatur in Europa als auch auf die spezifische, politische Entwicklung in Polen in den letzten Jahren zurück.

Das dritte Hauptmanifest verfasste der gerade aus Deutschland zurückgekehrte Stanisław Przybyszewski (1868–1927), der in Krakau 1898 die Redaktion der Zeitschrift *Das Leben* übernahm. Przybyszewski, der in Berlin studierte und in der Künstlerboheme als der „geniale Pole" bekannt war, schrieb zuerst in deutscher Sprache.[18] Seine 1892 in Berlin verfasste Arbeit *Zur Psychologie des Individuums*, in der er das Gegeneinander von gesunden und krankhaften Menschen in der Gesellschaft behandelt, beeinflusste sicher die theoretischen Überlegungen der *Vorhut* (Forpoczta) der Modernen,[19] die den „Neurotiker" (nerwowiec) höher einschätzte als den Durchschnittsmenschen.

Das *Confiteor* (1899), das Manifest Przybyszewskis, ist ein Bekenntnis zur «l'art pour l'art». Ausgehend von einem radikalen Individualismus, setzt er die Kunst mit dem Absoluten gleich, das er in der „nackten" Seele vorzufinden glaubt: „Kunst ist die Offenbarung der Seele". Die absolut gesetzte Kunst kennt deshalb keinerlei Schranken. Sie kann daher keiner Idee dienstbar gemacht werden. Eine tendenziöse Kunst lehnt er ab; denn sie wird zu einer „biblia pauperorum". Dem Vorwurf, ein Kosmopolit zu sein, begegnete Przybyszewski in seiner Bekenntnisschrift mit der Ansicht, dass gerade im Künstler sich die „wesentliche", die „innere" Seele eines Volkes offenbare, dass er „Ruhm und Himmelfahrt der Nation" sei. Für die Ausführungen Przybyszewskis ist bezeichnend, dass er den Mangel an Argumenten durch Schlagworte und Parolen zu ersetzen sucht. Vor allem dieses Manifest hat zu einer

---

[18] Przybyszewski machte in Deutschland durch seine Arbeiten *Totenmesse* (1893), *Vigilien* (1894), *De Profundis* (1896) u.a. auf sich aufmerksam.

[19] Das Sammelwerk *Vorhut* (Forpoczty) ist von drei Autoren, W. Nałkowski, M. Komornicka und C. Jellenta geschrieben und 1895 in Lemberg erschienen.

lang anhaltenden Diskussion geführt, nicht zuletzt wegen der darin propagierten Amoralität der Kunst und der Forderung, ihr ihre Unabhängigkeit zu sichern. Freilich, selbst Przybyszewski mochte den Tadel, ein „Dekadenter" zu sein, nicht auf sich ruhen lassen, ebenso wenig wie die anderen Vertreter der neuen Richtung.

Diese neue literarische Strömung war ohnehin nicht einheitlich, wie es die Meinungsverschiedenheiten auch innerhalb der Moderne beweisen. Nachdem die Zeitschrift *Das Leben* ihr Erscheinen einstellte, übernahm die 1901 in Warschau gegründete *Chimäre*, die weit weniger radikale Ansicht vertrat, die Rolle des wichtigsten Publikationsorgans des Jungen Polen. Besonders in den Prosawerken der Modernisten kommen häufiger wieder soziale, politische und geschichtsphilosophische Themen zu Geltung. Schließlich unternahm der Literaturkritiker St. Brzozowski in seinem Werk *Die Legende des Jungen Polen* (Legenda Młodej Polski, 1910) eine kritische Überprüfung der in der Endphase befindlichen Strömung. Unverkennbar ist dabei der Rückgriff auf die „Ideologie der Tat" aus einer nationalen Perspektive.

2. Die Lyrik

Schon des Kontrastes wegen war die junge Dichtergeneration darauf bedacht, sich von den Positivisten, die z.T. auch noch weiterhin publizierten, abzuheben. Sie pflegte vor allem die von den älteren Dichtern vernachlässigte Lyrik und versuchte, durch zahlreiche Experimente ihre Formen der Darbietung zu erneuern. Die starke Betonung der Form war mit einer Vielfalt der Thematik verbunden. Trotzdem lassen sich einige vorherrschende Themenbereiche eingrenzen.

Motive des Lebensüberdrusses, der Hoffnungslosigkeit, des Fatalismus und des Unbehagens an der Gegenwart sind vorherrschend. Diese Grundelemente bestimmen auch die Lyrik von Kazimierz Przerwa Tetmajer (1865–1940), eines der großen Dichter der polnischen Moderne, der die Stimmung des «Fin de siècle» in seinen Gedichten meisterhaft wiedergab.

> Koniec wieku XIX. Cóż więc jest? Co zostało nam,
> co wszystko wiemy?
> człowiek z końca wieku? ...Głowę zwiesił niemy.

(Das Ende des 19. Jahrhunderts. Was ist nun? Was ist uns geblieben, was wissen wir alles, Mensch vom Ende des Jahrhunderts? ... Stumm ließ er den Kopf hängen.)

Tetmajer, der aus einer alten Adelsfamilie stammte, lebte in Krakau. Dort veröffentlichte er in den Jahren 1891–1912 auch seine Gedichtbände, die mit lebhaftem Interesse vom Publikum aufgenommen wurden. Bezeichnend für die Lyrik des Jungen Polen ist der psychische Exhibitionismus der Dichter. So heißt es auch bei Tetmajer: „Melancholia, tęsknota, smutek, zniechęcenie, są treścią mojej duszy..." (Melancholie, Sehnsucht, Traurigkeit, Mutlosigkeit sind meiner Seele Inhalt...). Zu den Grundmotiven des Jungen Polen gehört weiterhin das der sinnlichen Erotik, das in den Gedichten Tetmajers häufig auftritt.

Doch auch die Ausschweifung kann die Vorstellung von der schier unüberwindbaren Einsamkeit des Menschen und besonders des Dichters nicht erträglicher machen. Der Tod wird als Erlöser angesehen. Hier sei nur auf den berühmten *Hymnus an Nirwana* (Hymn do Nirwany) von Tetmajer hingewiesen.

Ein weiteres Grundthema bei den Dichtern der Moderne ist die Schilderung der Naturschönheit, besonders die der Tatra, die oft zum Symbol stilisiert wird, z.B. in Tetmajers Gedichtzyklus *Von der Tatra* (Z Tatr), in Wacław Rolicz-Lieders (1866–1912) Gedicht *Begrüßung der Tatra* (Powitanie Tatr) oder in Jan Kasprowiczs (1860–1926) Gedichtsammlung *Der wilde Rosenstrauch* (Krzak dzikiej róży, 1898) u.a.

Zu den synthetischen Schilderungen der Natur tragen die bei den Dichtern des Jungen Polens beliebten Synästhesien bei, wie den Kolorismus, der trotz der Buntheit des Bildes die konkreten Einzelheiten auflösen lässt. Koloristische Elemente sind in der Lyrik Kasprowicz's oft anzutreffen.

Der begabte Bauernsohn Kasprowicz, der nach nahezu 20-jähriger journalistischer Tätigkeit Professor für vergleichende Literaturwissenschaft an der Lemberger Universität wurde, war der zweite große Lyriker des Jungen Polen. War schon seine Herkunft aus dem Bauernstand unter den Dichtern der Moderne ungewöhnlich, so stellte auch seine erste Gedichtsammlung *Poesie* (Poezje, 1889) insofern eine Ausnahme dar, als sie noch an den Positivismus anknüpft.

Der besonders in den Jahren 1894–1895 vollzogene Wandel machte Kasprowicz in kurzer Zeit zum profiliertesten Vertreter des polnischen Symbolismus. Seine religiös-philosophischen *Hymnen* (Hymny 1921), die an die „Sterbende Welt" (Ginącemu światu) gerichtet sind, enthalten metaphysische Überlegungen zum „ewigen Kampf zwischen Gut und Böse". In den Paraphrasen auf Kirchenlieder zeigen sich bei extremem Individualismus Verzweiflung, Auflehnung und Resignation, die in einer apokalyptischen Vision des „Dies irae" gipfeln.

Der Gedanke an den letzten Tag erscheint auch bei Antoni Lange (1861–1929) in der Sammlung *Den Nachgeborenen* (Pogrobowcom, 1907), wobei die für die Modernisten typischen, bizarr wirkenden Verbindungen, z.B. Christus und Attila, und — unter der Wirkung R. Wagners — der Bezug zur germanischen Frühzeit auffällig sind:

> Dies irae – dies illa
> Z mroków czasów się wychyla!
> Świadkiem Chrystus i Attyla!

> (Dies irae – dies illa. Rückt aus der Dämmerung der Zeiten, Zeugen sind Christus und Attila!)

Obwohl die 43 lyrischen Lieder von Kasprowicz mit dem Titel *Buch der Armen* (Księga ubogich, 1916), die sein Zerwürfnis mit der Religion beenden, versöhnlich gestimmt sind, lassen sie seinen politischen Standpunkt erkennen: die Distanz gegenüber den Reichen, die Zuneigung zu den Benachteiligten:

> O wielcy i syci tej ziemi!
> Cóż z wami łączyć mnie może, [...]
> Lecz czuję, [...]
> Że sercu mojemu najbliżsi
> Maluczcy i przeubodzy –

> (O, ihr Großen und Satten dieser Welt! Was kann mich mit Euch verbinden, / aber ich fühle, dass meinem Herzen am nächsten die ganz Kleinen und die sehr Armen sind.)

Trotz der Kriegszeit — seine Gedichte sind 1916 erschienen — gibt er nicht die Hoffnung auf, dass vielleicht „im Kampf der Riesen sich endlich das Böse selbst überwindet" (Może w zapasach olbrzymów zło się nareszcie przełamie).

Eine mit der Welt versöhnte, bejahende und optimistische Lebensauffassung spricht aus der Lyrik des dritten bedeutenden Dichters, Leopold Staff (1878–1957), der in Warschau schöpferisch tätig war. Er gilt als der Überwinder der dekadenten Züge des Jungen Polen.

In seiner programmatischen Gedichtsammlung *Träume von der Macht* (Sny o potędze, 1901) forderte der junge Dichter, den einst eingeschlagenen Weg zu verlassen:

> Odrzućmy raz tę głupią dla życia pogardę,
> Którą się otaczamy jak żebrak purpurą.
> Niosąc naszej codziennej doli jarzmo twarde.
> Czoła skrywamy w dumy wyniosłość ponurą,
> Pięknie nam w własnych oczach w roli bohatera,
> Co gardzi wrogiem, chociaż zwyciężon umiera
> Pod jego mieczem! rzućmy tę dumę! To maska,
> Pod którą niewolników tkwi uległość płaska.

(Legen wir mal die alberne Lebensverachtung, mit der wir uns wie ein Bettler mit Purpur umgürten, ab. Indem wir das harte Joch unseres Alltagsschicksals tragen, verbergen wir unsere Stirn in düstere Erhabenheit des Stolzes. Angenehm ist es uns, sich in eigenen Augen in der Rolle eines Helden zu sehen, der den Feind verachtet, obwohl er besiegt unter seinem Schwert stirbt! Legen wir diesen Stolz ab! Das ist eine Maske, unter der die banale Nachgiebigkeit der Sklaven steckt.)

Das Bekenntnis zum „erdnahen" Leben und zur Tat spiegelt sich im folgenden Zweizeiler, der in derselben Sammlung enthalten ist:

> Żyć! żyć! Chcę, aby łanów moich ziemia czarna
> Rodziła kłosy bujne, ciężkie pełne ziarna.

(Leben! leben! Ich will, dass die schwarze Erde meiner Felder üppige, schwere Ähren trägt, voller Korn.)

In dem lyrisch-epischen Werk *Meister Twardowski* (Mistrz Twardowski, 1902), das den Untertitel *Fünf Gesänge über die Tat* trägt, wird deutlich erkennbar an die positivistische Tradition angeknüpft. Die Stilisierung Twardowskis, des „polnischen Faust", zu einer starken Einzelpersönlichkeit lässt den Einfluss Nietzsches erkennen.

Staffs Naturlyrik, die Sonette, Lieder, Elegien, die Sammelbände *Blühender Zweig* (Gałąź kwitnąca, 1908), *Das Lächeln der Stunden* (Uśmiechy godzin, 1910), *Im Schatten des Schwertes* (W cieniu miecza, 1911), *Schwan und Lyra* (Łabędz i lira, 1914) u.a. umfasst, enthält neben Landschaftsschilderungen Traumvorstellungen und Reflexionen. Mitunter lassen sich auch hier die Einflüsse Nietzsches erkennen, wie z.B. in *Schwan und Lyra*, wo es heißt:

„W zrodzonej winą moją żądzy człowiek stanie się Bogiem!"

(In dem aus meiner Schuld geborenen Begehren wird der Mensch Gott werden!).

Unter der Vielzahl der Gelegenheitsgedichte, die von Dichtern der polnischen Moderne geschrieben wurden, wie etwa Rolicz-Lieders *An Stefan George* (Do Stefana Georga),[20] sind die autobiographischen Monologe erwähnenswert, so z.B. Rolicz-Lieders *Arlekin* Kasprowiczs *Batiar* und Tetmajers *Evviva L'arte*. Satirisch charakterisierte sich der polnisch und russisch schreibende Lyriker Bolesław Leśmian (Lesman, 1878–1937) in dem Gedicht *Der Dichter* (Poeta). Dort heißt es u.a.:

Z drogi! — Idzie poeta — niebieski wycieruch!
Zbój obłoczny, co z światem jest — wspak i na noże.

(Aus dem Weg! — Ein Dichter schreitet — der himmlische Herumtreiber, der Wolkentreiber, der mit der Welt auf Kriegsfuß steht.)

Trotz des in der Lyrik der Moderne radikal vertretenen Individualismus fehlt es weder an sozialen noch an nationalen Motiven. Langes *Lied des Napierski* (Pieśń Napierskiego, 1907), (Kostka-Napierski führte im 17. Jh. den Bauernaufstand im Vorkarpatenland an) und Tetmajers *Polen* (Polska, 1906) sollen hier stellvertretend erwähnt werden.

3. Der Roman

Die nationale und soziale Thematik kam freilich deutlicher in den Romanen zum Vorschein. Die positivistische und naturalistische Tradition der Prosaliteratur wirkte dabei relativierend auf die subjektivistische Darstellungsweise der Moderne.

Die Gattung des Gesellschaftsromans pflegte vor allem der typische Vertreter der Warschauer Intelligenz Stefan Żeromski (1864–

---

[20] St. George, der mit Rolicz-Lieder bekannt war, übersetzte und veröffentlichte dessen Gedichte sowohl in den *Blättern für die Kunst* (Jhg. 1894–1897) als auch in der Sammlung *Zeitgenössische Dichter* Bd. 2, Berlin 1905 (ca. 25 Gedichte).

1925). Sein erster großer Roman *Sisyphusarbeit* (Syzyfowe prace, 1898), der autobiographische Züge erkennen lässt, befasst sich mit den Auswirkungen des Russifizierungsprozesses auf die polnische Schuljugend, die sich selbst überlassen, an die polnische Tradition anknüpft und das Erwachen ihres Nationalbewusstseins erlebt. *Die Heimatlosen* (Ludzie bezdomni, 1900) gehören zu den bekanntesten Romanen Żeromskis. Die Heimatlosen sind hier die engagierten Vertreter der Intelligenz, die, von tiefem sozialem Bewusstsein getragen, bereit sind, für ihre Überzeugung auch persönliche Nachteile in Kauf zu nehmen. In diesem Roman wird das Leben eines jüdischen Arztes geschildert, der sich seiner Aufgabe im Dienste des leidenden Menschen bewusst ist und dadurch in ständige Konflikte gerät. Einst Chefarzt eines Badeortes, wird er später Werkarzt in einem Bergbauzentrum.

Während Żeromski in *Schönheit des Lebens* (Uroda życia, 1912) direkt an *Sisyphusarbeit* anknüpft und das Erwachen des Nationalbewusstseins bei einem in russischen Militärdiensten stehenden Polen beschreibt, schildert er in der Trilogie *Der Kampf mit dem Satan* (Walka z szatanem, 1916–1919) das Schicksal eines Idealisten, des Architekten Nienarski, der bei dem Versuch, seine Pläne für größere soziale Gerechtigkeit zu verwirklichen, scheitert.

Große Aufmerksamkeit erregte der letzte Roman Żeromskis *Vorfrühling* (Przedwiośnie, 1925), in dem er kritisch auf die neuen, aus der Wiedererlangung der staatlichen Souveränität sich ergebenden politischen und sozialen Verhältnisse einging. Der Anblick eines rückständigen, von Not beherrschten Polen zwingt den aus Russland kommenden Cezary Baryka, sich von dem idealistischen Bild von einer langersehnten Heimat der „gläsernen Häuser" zu trennen. Besondere Aussagekraft besitzt die Schlussszene des Romans, in der Baryka an der Spitze einer Arbeiterdemonstration, die zum Sitz des polnischen Präsidenten marschiert und im Kugelhagel fällt, gezeigt wird. Żeromski schrieb auch historische Romane. Durch seine bibliothekarische Tätigkeit erwarb er sich umfassende historische Kenntnis, die er in seinem Werk verwandte.

Angeregt von L. Tolstojs *Krieg und Frieden* spielt auch sein historischer Roman *Die Asche* (Popioły, 1904) in der für die Geschichte Polens folgenschweren Napoleonischen Zeit. Ähnlich wie in *Krieg und Frieden* ist auch hier das zentrale Motiv die Freundschaft zweier Männer: des idealistischen Grafen Krzysztof Cedra und des tatendurstigen Adligen Rafał Olbromski. In Żeromskis Werk ist jedoch die Erzähltechnik anders geartet, sie bedient sich dramatischer Elemente bei der Beschreibung der zahlreichen historischen Begebenheiten, wie der Kämpfe der polnischen Legionen in Italien, in der Schweiz, in Spanien und auf heimischem Boden, wo nach allen Schlachten nur das Symbol der Vergänglichkeit, nur Asche zurückbleibt.

Der zweite historische Roman Żeromskis *Der treue Fluß* (Wierna rzeka, 1912) — eng mit dem Roman *Die Asche* verknüpft — behandelt den polnischen Januaraufstand von 1863. Der Kommissionär der „Nationalregierung", Hubert Olbromski, der Sohn des Helden im gerade genannten Werk, fällt im Dienste seines Vaterlandes.

Zu den Stoffen der Vergangenheit griffen auch andere Schriftsteller des Jungen Polen. Wacław Berent (1873–1940), der sich besonders mit kunstphilosophischen Fragen auseinander setzte, wählte für seinen wohl besten Roman *Lebende Steine* (Żywe kamienie, 1918) das Leben einer mittelalterlichen Stadt als Themenbereich. Diese Stadt besuchen wandernde Gaukler der „Ribaltenbruderschaft", denen es gelingt, durch ihren aufrührerischen Geist die Bewohner aus ihrer religiösen Askese aufzurütteln.

Auch der Nobelpreisträger Władysław Stanisław Reymont (1867–1925), der verschiedene Berufe ausübte, bevor er sich auf seine schriftstellerische Arbeit konzentrierte und Schriftsteller wurde, hinterließ einen historischen Roman, *Das Jahr 1794* (Rok 1794, 1913–1918). Dieses, das Motiv einer unglücklichen Liebe behandelnde breitangelegte dreiteilige Werk bietet neben Schlachtenszenen auch eine Schilderung der Sitten und Gebräuche jener Zeit kurz vor der letzten Teilung Polens.

Reymont erwarb sich vor allem als Verfasser von Werken großes Ansehen, die das bäuerliche Leben behandeln. In dem Bauernepos *Die Bauern* (Chłopi 1907–1909)[21] stellt er das Familienschicksal des Bauern Boryna dar. Der Vater-Sohn-Konflikt, der auf dem Streit um Besitz von Grund und Boden basiert, erfährt durch das Inzestmotiv noch eine weitere Steigerung. Diese Auseinandersetzung wird in einer Dorfgemeinde ausgetragen, die sich den veränderten Verhältnissen nach der Bauernbefreiung stellt und ihre Rechte verteidigt; indem sie Widerstand gegen die Enteignung ihres Waldes leistet, kämpft gegen die anhal-

---

[21] Dieses Werk ist in deutscher Sprache 1929 (Jena) unter dem Titel *Die Bauern. Ein Roman in vier Jahreszeiten* erschienen.

tende Siedlungsaktivität der deutschen Siedler und wacht über die Einhaltung der tradierten Moralgesetze. Gegen die Moral verstößt die nur ihren Gefühlen folgende Frau Bożena Jagna. Ihr Konflikt mit der Dorfgemeinde endet nicht versöhnlich, wie der Streit zwischen Vater und Sohn; sie wird aus der Dorfgemeinschaft ausgestoßen. Unverkennbar ist in diesem Roman die Anlehnung an bekannte Motive der positivistischen Schriftsteller wie Orzeszkowa, Konopnicka u.a.

Dem Beispiele Reymonts, die bäuerliche Welt realistisch darzustellen, folgten einige Schriftsteller des Jungen Polen. Unter ihnen war auch der Górale Władysław Orkan (eigentlich Franciszek Smerczyński, 1876–1930). In seinen Bauernromanen *Die Häusler* (Komornicy 1900) und *In den Tälern* (W roztokach, 1903) behandelt er die Probleme der Bergbauern, der Bewohner einer Landschaft der „ewigen Not". Seine Romane schildern meisterhaft die Natur der Tatra.

4. Das Theater

Rezensionen einer Vielzahl von Theateraufführungen, die während der Zeit des Jungen Polen stattfanden, liegen in zwei umfangreichen Sammelbänden der berühmten Theaterkritiker Jan Lorentowicz (*Zwanzig Jahre Theater / Dwadzieścia lat teatru*) und Tadeusz Żeleński-Boy (*Der Flirt mit der Melpomena / Flirt z Melpomeną*) vor. Sie vermitteln einen gründlichen Einblick in das Theaterleben insbesondere von Krakau, Warschau und Lemberg. Diesen Bänden kann gefolgert werden, dass das Repertoire eine ansehnliche Zahl von Aufführungen international bekannter Dramatiker wie H. Ibsen, A. Strindberg, G. Hauptmann, B. Shaw, M. Gorkij u.a. enthielt. Vor allem ist die polnische Dramenliteratur, der große Beachtung entgegengebracht wurde, vertreten. Das polnische Drama hat zu dieser Zeit keine einheitliche Richtung entwickelt, obwohl sich insgesamt der Übergang vom Naturalismus zum Symbolismus feststellen lässt.

Der unter der Wirkung der skandinavischen Dramatiker stehende Przybyszewski, der auch eine theoretische Schrift zum Drama verfasste, veröffentlichte sein erstes Theaterstück *Das große Glück* (1897) in der Münchner Monatsschrift *Die Gesellschaft*, dem Sprachrohr der deutschen Naturalisten. Die polnische Version dieses Stückes wurde dann 1899 in Krakau gespielt. Seine weiteren Dramen, *Das goldene Vlies* (Złote runo, 1901), *Der Schnee* (Śnieg, 1903) u.a., konzipierte er nur noch in polnischer Sprache. Seine Sittendramen behandeln in der Regel das Thema der durch triebhafte Liebe verursachten Untreue, die in eine Katastrophe mündet. Hervorzuheben ist die sich am Naturalismus orientierende Darstellungsweise der Moralkonflikte, bereichert durch eine detaillierte psychologische Analyse der Personen.

Przybyszewskis Versuche, das psychologische Drama in Polen heimisch zu machen, waren nicht sehr erfolgreich. Ebenso unbedeutend blieb die von Ibsen beeinflusste Dramatik des polnisch und deutsch schreibenden Tadeusz Rittner (1873–1921), dessen naturalistische Stücke *Im kleinen Haus* (W małym domu, 1907), *Der dumme Jakob* (Głupi Jakub, 1910) u.a. gleichzeitig in Krakau und in Wien aufgeführt wurden.

Bestimmend für das Drama des Jungen Polen ist das Werk des Malers, Dichters und Regisseurs Stanisław Wyspiański (1869–1907), der als Schöpfer des modernen polnischen Theaterstils gilt. Wyspiański, der sowohl vom polnischen Drama der Romantik (Słowacki und Mickiewicz) als auch von der künstlerischen Tätigkeit R. Wagners und Nietzsches Schrift *Die Geburt der Tragödie aus dem Geist der Musik* (1871) beeinflusst wurde, war darauf bedacht, seinen Bühnenwerken Symbolkraft zu verleihen. Seine von der Malerei herrührende Fähigkeit zur plastischen Bildhaftigkeit nützte ihm dazu ebenso wie die an der Romantik geschulte Vorstellungskraft.

Zur Entwicklung seiner eigenartigen dramatischen Technik dient ihm nicht zuletzt die eingehende Beschäftigung mit der antiken Vorstellung vom Tragischen; er selbst schrieb in seiner ersten Schaffensperiode mehrere Tragödien mit Stoffen des klassischen Altertums. Von „künstlerischem Synkretismus" kann man vor allem in den historischen Dramen sprechen, in denen er der polnischen Thematik häufig Bilder aus der antiken Welt beifügt. Wyspiańskis Symbolik berührt sowohl psychische als auch gesellschaftliche Zustände. Im Drama: *Akropolis* (1904), in dem Krakaus Wawel mit der Akropolis identifiziert wird, beleben sich während des Mysteriums der Osternacht die Kunstwerke der Wawel-Kathedrale. Der Sarg des hl. Stanisław birst symbolisch beim Erscheinen des Christus-Apollo, des Symbols ewigen Lebens. Dabei werden politische, mit der Befreiung des Vaterlandes zusammenhängende Aussagen gemacht:

> Zabrzęczał Zygmuntowski dzwon ...
> A trąby huczą jako działa ...,
> jakby już Polska wszystka wstała.

(Die Sigismund-Glocke erklang, und die Hörner tosen wie die Kanonen, als ob schon ganz Polen auferstanden wäre.)

In dem historischen Drama *Die Novembernacht* (Noc listopadowa, 1904) wird in locker aneinandergereihten Bildern die Nacht vor dem Novemberaufstand geschildert, in der die Gottheiten Demeter, Pallas, u.a. auftreten. Ähnlicher Technik bediente sich Wyspiański schon früher in der *Legende* (Legenda, 1897), wo er die mythologischen Gestalten der polnischen Sage von der Gründung Krakaus, Krak und Wanda, darstellt. Die Tochter Kraks, Wanda, ertrinkt in der Weichsel — Folge eines den Göttern abgelegten Gelübdes. In diesem Bühnenstück werden die Einflüsse R. Wagners deutlich. Wyspiańskis Beschäftigung mit der nationalen Geschichte erklärt seine enge geistige Verwandtschaft mit der Krakauer Historischen Schule.

In seinen zahlreichen symbolisch-historischen, der polnischen Geschichte gewidmeten Dramen spielte Wyspiański auch auf aktuelle Zustände an. In der Regel wählt er in seinen Werken als zentrale Gestalten Herrscherpersönlichkeiten, z.B. Kasimir den Großen oder politische Führer wie Lelewel, an denen das Schicksal des ganzen Volkes in den verschiedenen Etappen des Untergangs aufgezeigt wird. In der Rhapsodie *Legion* (1906) gibt Wyspiański in zwölf szenischen Bildern das Leben und Wirken Mickiewiczs wieder und zeigt ihn als Glücklosen, dem es an der Fähigkeit mangelt, sein Volk zum Sieg zu führen. Mit diesem Stück vollzog sich in der Dramatik Wyspiańskis der Übergang vom historischen zum expressionistischen Drama. Diese Wandlung deutete sich allerdings schon in seinem bedeutendsten Drama *Die Hochzeit* (Wesele, 1901) an.

Die Krakauer Premiere dieses Stückes, das die Dramatisierung einer wahren Begebenheit, der Hochzeit seines Freundes, des Dichters Lucjan Rydel mit einem Bauernmädchen, darstellt und die realen Vorbilder der dramatis personae leicht erkennen ließ, wurde für die Zuschauer zu einem außergewöhnlichen Erlebnis, dem man engagiert mit gemischten, ja mit ablehnenden Gefühlen begegnete.

Der Versuch einer Verschmelzung der beiden Gesellschaftsschichten, der Intelligenz und der Bauern, symbolisiert im hochzeitlichen Festgeschehen, wird in diesem Drama mit der großen polnischen Vergangenheit in Verbindung gebracht; durch die Gestalten des Ritters Zawisza, des Hetmans, des Stańczyk und des Wernyhora mittels Zauberkraft vergegenwärtigt und in das Fest einbezogen. Dabei zeigt sich, dass die Vergangenheit Polens in einen Mythos mündet, der keine Impulse für einen Identität verleihenden Aufstand vermitteln kann, der eher zu Befangenheit und zu Lähmung jeder politischen Aktivität führt. Bezeichnend dafür ist die Schlussszene, die die Rückkehr des bäuerlichen Herolds zeigt, der nun nach dem Verlust seines goldenen Horns sich vergeblich bemüht, die Hochzeitsgesellschaft aus der Erstarrtheit, der sie verfallen ist, zu befreien.

Im Mittelpunkt der auf detaillierter Quellenkenntnis basierenden historischen Dramen von Adolf Neuwert-Nowaczyński (1876–1944) stehen ebenfalls große Persönlichkeiten wie in *Friedrich der Große* (Fryderyk Wielki, 1910) oder Napoleon in *Der Kriegsgott* (Bóg Wojny, 1908). Der Mangel an Dramatik kommt auch in seinen allerdings durch eine treffende Charakteristik der Personen ausgezeichneten Gesellschaftskomödien zum Vorschein. Zu seinen bekanntesten und zugleich besten Komödien wird *Neu-Athen* (Nowe Ateny, 1913) gezählt. Es handelt sich um eine Satire auf die Krakauer geistige Elite nach Motiven von K. Hamsun.

Der als Nachfolger Wyspiańskis geltende Krakauer Dramatiker Karol Hubert Rostworowski (1877–1938) erfüllt zwar die an ihn gestellten Erwartungen nicht, wird aber dennoch zu den bedeutenden polnischen Dramatikern gezählt. Ein Platz in der Geschichte des polnischen Dramas sicherte ihm schon die Aufführung seines Stücks *Judas Ischarioth* (Judasz z Kariothu, 1913). Während er hier das religiöse Thema dazu nutzt, um die Psychologie eines krämerhaften Verräters darzustellen, analysiert er in seinem zweiten bekannten Drama *Gajus Cäsar Caligula* (1917) die Psyche eines Tyrannen. Diese Darstellungsweise eines „Übermenschen" enthält zugleich polemische, gegen die Konzeption Nietzsches gerichtete Akzente.

5. Die Sprache

Die verstärkte Hinwendung der Dichter der Moderne zur ästhetischen Funktion der Sprache war mit Erneuerungsbestrebungen verbunden; dies konnte vor allem durch die Bereicherung der Schriftsprache erzielt werden, durch Einbeziehung der Umgangssprache besonders des Dialekts und Argots, durch Neuschöpfungen sowie durch Archaismen.

Während die Schriftsteller der Bauernromane zum Dialektwortschatz griffen, verlangten historische Stoffe nach Archaismen, die oft in Verbindung mit Stilisierung stehen und die häufiger gebraucht werden wie nie zuvor. Die Lyriker prägten verschiedene Neuschöpfungen.

Dichter des Jungen Polen befassten sich mit der Sprache auch in Zeitschriftenartikeln. L. Rydel schreibt z.B. über die Geschichte und den Wert der polnischen Sprache in dem Artikel *Die polnische Sprache* (Mowa Polska, 1909) in der Zeitschrift *Polnische Wacht* (Straż Polska). Schließlich ist an die Bemühungen der in Krakau erscheinenden ersten Sprachzeitschrift *Sprachlicher Ratgeber* (Poradnik Językowy, 1901) zu erinnern, die dann in *Die polnische Sprache* (Język Polski, 1913) umbenannt wurde. In dieser populärwissenschaftlichen Zeitschrift publizieren bedeutende Sprachforscher wie K. Nitsch, J. Łoś und J. Rozwadowski.

Während also von Galizien Bestrebungen zur Reinerhaltung der polnischen Sprache ausgingen, trat im Deutschen Reich 1908 ein Gesetz in Kraft, das verbat, die polnische Sprache bei öffentlichen Versammlungen in solchen Landkreisen zu gebrauchen, deren polnische Bevölkerung weniger als 60 % betrugt. Der Rückzug der russischen Truppen aus Kongresspolen im Jahre 1915 ermöglichte es die Universität in Warschau, ein Zentrum auch des polnischen Sprachlebens, wieder zu eröffnen und Polnisch als Sprache in den Schulen wiedereinzuführen.

LITERATUR DER ZWISCHENKRIEGSZEIT

1. Die literarischen Gruppierungen

Die Wiedererlangung der staatlichen Souveränität (1918) nach über einem Jahrhundert der Unfreiheit war von wirtschaftlichen, sozialen und politischen Schwierigkeiten begleitet, mit denen sich die polnische Gesellschaft auseinandersetzen musste.

Die Schriftsteller, die sich nun gezwungen sahen, auf ihr großes Thema, das Streben nach der Freiheit der Nation, zu verzichten, begegneten zunächst der veränderten Situation mit Begeisterung. Nach einer darauf folgenden Periode der Skepsis gegenüber den neuen Verhältnissen, den nichtrealisierten Vorstellungen und den inneren politischen Auseinandersetzungen rief die Literatur nun zu Kritik und Wachsamkeit auf.

Die als „Katastrophisten" verschrienen Schriftsteller, die entgegen der optimistischen Haltung der regierenden Politiker auf die drohende Gefahr hingewiesen hatten, behielten recht. Der Zweite Weltkrieg wurde mit dem Angriff auf Polen im September 1939 begonnen. Die darauf gänzlich unvorbereitete polnische Gesellschaft wurde tief erschüttert.

Die neue Schriftstellergeneration, die noch im Schatten der großen Dichter des Jungen Polen herangewachsen war, hatte nicht mehr die Zensureingriffe der Besatzungsmächte erlebt.

Die Dichter und Schriftsteller sammelten sich in verschiedenen Gruppen und gaben, wenn es möglich war, eigene literarische Zeitschriften heraus. So erschienen z.B. in Warschau die Zeitschriften *Pro arte et studio* (1916–1919), *Skamander* (1920–1928, 1935–1939), *Literarische Nachrichten* (Wiadomości Literackie, 1924–1939), *Quadriga* (Kwadryga, 1926–1931) und *Der Weg* (Droga, 1922–1937) in Krakau *Die Weiche* (Zwrotnica, 1922–1923, 1926–1927) und *Literaturzeitung* (Gazeta Literacka, 1926–1934), in Lemberg *Signale* (Sygnały, 1933–1934, 1936–1939), in Lublin *Reflektor* (1924–1925), in Wilna *Żagary* (1931–1932), in Wadowice *Czartak* (1922–1929) und in Posen *Die Quelle* (Zdrój, 1917–1920, 1922) und *Der Prahm* (Prom, 1932–1933).

Die um die vielen Zeitschriften gruppierten Schriftsteller vertraten zwar verschiedene, jedoch selten klar definierte Standpunkte. Als eine gemeinsame Tendenz ist die Widerspiegelung einiger allgemeineuropäischen Kunstrichtungen zu erkennen

Das Sprachrohr der polnischen Expressionisten war die bereits 1917 von Jerzy Hulewicz in Posen gegründete Zeitschrift *Die Quelle*, der auch einige junge Dichter angehörten.

In Krakau, wo zwei futuristische Klubs entstanden waren, erschienen die „Eintagszeitungen" der Futuristen, *Das Messer im Bauch* (Nóż w brzuchu, 1922) u.a. Um die Verbreitung des futuristischen Gedankens in Polen bemühte sich vor allem Jerzy Jankowski. Ende 1918 entstand in Warschau eine zweite, gemäßigte Futuristen-Gruppe mit Anatol Stern und Aleksander Wat an der Spitze. Stern redigierte auch die Zeitschrift *Neue Kunst* (Nowa Sztuka, 1921–1922).

Neben dadaistischen und surrealistischen Zirkeln, die jedoch ohne nennenswerte Wirkung blieben, entstand in Krakau eine von Leon Chwistek begründete polnische Kunstrichtung, die „Formismus" genannt wurde und die zugunsten der formalen Aspekte des Kunstwerks die Bedeutung des Inhalts zurücktreten ließ. Sie verfügte über ein eigenes Sprachrohr, die Zeitschrift *Die Formisten* (Formiści, 1917).

Zwei literarische Gruppierungen beeinflussten das Schrifttum der Zwischenkriegszeit nachhaltig: die Krakauer „Avantgarde" mit Tadeusz Peiper an der Spitze, die die Zeitschrift *Die Weiche* herausgab und die Warschauer Skamander-Gruppe, so benannt nach der Zeitschrift *Skamander*. Als Gegengewicht zur Dichtung der „Skamandriten", die das Thema Stadt in den Vordergrund stellten, verstand sich die regionale Gruppe der Zeitschrift *Czartak* in Wadowice mit Emil Zegadłowicz als ihrer führenden Persönlichkeit. Und schließlich ist noch eine erst 1933 entstandene Schriftstellergruppe zu erwähnen, die sich die „Vorstadt" (Przedmieście) nannte und die sich vor allem in der von Stanislaw Czernik herausgegebenen Zeitschrift *Die Gegend der Dichter* (Okolica Poetów, 1935), äußerte. Diese Gruppe hatte einen großen Einfluß auf die Entwicklung der Prosa in der polnischen Literatur.

2. Die Lyrik

Die Lyrik der Zwischenkriegszeit wurde maßgeblich von den „Skamandriten" und der „Avantgarde" geprägt. Die auf Individualismus bedachte Gruppe um die Warschauer Zeitschrift *Skamander* verzichtete auf ein Programm. Sie unterstützte die freie Entfaltung jedes dichterischen Talents.

Nichtsdestoweniger wurde auf die Annäherung der Dichtung an das Alltagsleben („Poetik der Alltäglichkeit") Wert gelegt. Der Durchschnittsmensch wurde als lyrischer Held hervorgehoben, was eine verstärkte Anwendung der Umgangssprache zur Folge hatte. Obwohl sich die Vertreter dieser Gruppe nicht scheuen, an die nationale Tradition anzuknüpfen, war ihr zentrales Thema das Leben der Großstadt.

Als der bedeutendste Dichter der „Skamandriten" wird Julian Tuwim (1894–1953) angesehen, der auch durch seine Übersetzungen, vor allem aus dem Russischen, bekannt ist. Seine Großstadtlyrik war — im Dienste der Humanität — eine Herausforderung an die Religion und Kunst. Die Gestalt des weinenden „Christus der Stadt" (Chrystus Miasta), der schweigend dem Nachtvergnügen der Randgruppen der Gesellschaft zuschaut, ist dafür ebenso bezeichnend wie das Gedicht *Poesie* (Poezja) aus derselben Gedichtsammlung *Lauern auf Gott* (Czychania na Boga, 1918), in dem Tuwim auf die Entstehung einer neuen Kunst hofft, die den Menschen befreit, ihn revolutioniert: „Meine Dichtung – das ist die Revolution der Seelen"! (Poezja moja – to Rewolucja Dusz!). Der Humanismus Tuwims ist ein demokratisch-revolutionärer, bestimmt von der Parole der Französischen Revolution: «Liberté! Fraternité! Egalité!». Daher ist die Rolle des Dichters keinesfalls die eines Führers; er ist der „ultimus inter pares", der sich von der Masse der Menschen nicht unterscheidet.

Tuwim hinterließ mehrere Gedichtsammlungen wie *Der tanzende Sokrates* (Sokrates tańczący, 1920), *Der siebte Herbst* (Siódma jesień, 1922), *Worte in Blut* (Słowa we krwi, 1926), *Der brennende Inhalt* (Treść gorejąca, 1936) u.a., in denen sich zwar seine Grundhaltung nicht ändert, aber eine zunehmende Resignation spürbar wird; er lässt allerdings nie davon ab, in seinen satirischen Gedichten besonders das Spießbürgertum anzugreifen.

In der Emigration 1940–1944 schrieb er ein lyrisch-episches Gedicht, da eine Rechenschaft seines eigenen Lebens darstellt, das aber das Niveau seiner früheren Gedichte nicht erreicht, obgleich er formal an die romantische Tradition anknüpft, wie es das „Gebet" aussagekräftig veranschaulicht:

> Lecz nade wszystko – słowom naszym
> Zmienionym chytrze przez krętaczy,
> Jedność przywróć i prawdziwość:
> Niech prawo zawsze prawo znaczy
> A sprawiedliwość – sprawiedliwość.

Vor allem aber – verleihe unseren Worten, die durch Lügner listig verändert wurden, wie der Gleichwertigkeit und der Wahrhaftigkeit. Es möge immer Recht auch Recht bedeuten und Gerechtigkeit – Gerechtigkeit.

Neben Tuwim zählte auch der Dichter und Publizist Antoni Słonimski (1895–1976) zu den bedeutendsten Vertretern der Skamander-Gruppe. Seine Vorbilder waren die großen Romantiker Mickiewicz und Słowacki, an die er anknüpfen wollte. Der kämpferische Ton seines Gedichtes *Credo* aus der Sonettsammlung *Sonety* (1918) scheint für seine Haltung typisch zu sein.

> Łotrem jest, kto w młodości znosi kompromisy,
> Kogo nęci brzuch lub wypchana kiesa ...
> Łotrem jest, kto nie marzy, jak ten z Cervantesa,
> Aby słońca dosięgnąć złotym ostrzem spisy!

> (Ein Schuft ist derjenige, der in der Jugend Kompromisse duldet, den ein voller Bauch und ein dicker Geldbeutelchen locken; ein Schuft ist derjenige, der nicht träumt, wie der Held des Cervantes, mit der goldenen Lanzenspitze die Sonne zu erreichen!).

Der jüngste der Dichtergruppe, Jan Lechoń (eigentlich Leszek Serafimowicz, 1899–1956), war im Grunde ein politischer Satiriker. Er unterstützte das politische Lager des Marschalls Piłsudski und war ein überzeugter Patriot. Sein *Pasquill* (Paszkwil), das sofort nach der Bildung des Regentschaftsrates (1917) geschrieben wurde, zeigt das deutlich:

> A cóż mi demokracja, a cóż mi są chłopy,
> A cóż mi hrabskie herby i mitry książence,
> I Marksa, i hrabiego Zygmunta poświęcę
> Za wolny głos ojczyzny na sejmie Europy.

> (Wozu mir die Demokratie, und was gehen mich die Bauern an;
> Was bedeuten mir die Wappen der Grafen und die fürstlichen Bi-

schofsmützen? Sowohl Marx als auch den Grafen Sigismund opfere ich für eine freie Vaterlandsstimme auf dem Reichstag Europas.) Lechońs Lyrik behandelt bis auf eine Ausnahme politische Themen. Die Sammlung der Reflexionslyrik *Silbern und schwarz* (Srebrne i czarne, 1924) offenbart die pessimistische Lebensanschauung des Dichters, der in der Emigration in New York starb. In diesem Sinne gewandelt hat sich auch die zunächst optimistische Lyrik des in den 20er Jahren populären Dichters Kazimierz Wierzyński (1894–1969). Der im Banne Staffs stehende Wierzyński besang in seinen Gedichtsammlungen *Frühling und Wein* (Wiosna i wino, 1919), *Der große Wagen* (Wielka miedźwiedzica, 1923), vor allem aber elementare Lebenserfahrungen wie Liebe und Hoffnung. Seine Lyrik war noch bis in die 30er Jahre von Sorglosigkeit geprägt.

Zu den fünf bedeutenden „Skamandritern" ist noch Jarosław Iwaszkiewicz (1894–1980) zu zählen, der sich bald nach seinen erfolgreichen lyrischen Versuchen der Prosa und dem Drama zuwandte. Er debütierte bereits 1919 mit der Gedichtsammlung *Oktostychy*, die Lebens- und Stimmungsbilder des mit der Natur verbundenen Menschen zeigt.

In gewisser Beziehung zur Lyrik der „Skamandriter" stehen die Gedichte der Dichterinnen Maria Pawlikowska-Jasnorzewska (1894–1945) und Kazimiera Iłłakowiczówna (1892–1983). Während sich Iłłakowiczówna vor allem der Beschreibung der litauischen Folklore und der Naturschilderung widmete, bevorzugte Pawlikowska die Thematik einer abgeschlossenen aristokratischen Welt mit ihrem eigenen Reiz aus der Sicht einer im Wohlstand lebenden Frau.

Ursprünglich mit der Skamander-Gruppe verbunden war der politische Lyriker Władysław Broniewski (1897–1962), der zu den engagierten Linken gehörte, die sich offen dazu bekannten, für eine neue Gesellschaftsordnung zu kämpfen. Broniewski fordert deshalb in seinen Reflexionen über die Dichtung in der Gedichtsammlung *Rauch über der Stadt* (Dymy nad miastem, 1927) zum politischen Engagement in der Kunst auf. Er ist sich auch bewusst, dass die „neue Welt" nicht ohne Gewalt erreicht werden könne, wie es in der Gedichtsammlung *Sorge und Lied* (Troska i pieśń, 1932) deutlich wird:

> Ziemio, syta padliną
> pobojowisk pracy i wojny,

przepowiadam ci: będziesz inną,
omyta żywą krwią wolnych!

Historio, jutro od nowa!
Gwałt niech się gwałtem odciska!
Witaj, chmuro gradowa!
Błogosławię piorun, co błyska!

(Erde, gesättigt vom Aas der Arbeits- und Kriegsschlachtfelder, ich prophezeie Dir: Du wirst anders, gewaschen mit dem lebendigen Blut der Freien! Geschichte, möge morgen aufs Neue Gewalt mit Gewalt bezahlt werden! Sei gegrüßt, Du Hagelwolke! Ich segne den Blitz, der aufleuchtet!)

Berühmt wurde sein im März 1939 geschriebenes Kampfgedicht *Bajonett auf die Waffe* (Bagnet na broń) in dem Broniewski, den Krieg vorausahnend, zur Verteidigung des Vaterlandes aufruft.

Gewisse Beziehungen zu der Lyrik der „Skamandriten" gerade wegen der extrem individualistischen Thematik und der traditionellen Form weisen die Gedichte Mieczysław Jastruns (1903–1983) auf. Die bis 1937 wiederkehrenden Motive seiner Lyrik sind die Trauer über die Vergänglichkeit und die Flüchtigkeit des Augenblicks, sowie das Herannahen des Todes. Vor dem Zweiten Weltkrieg erschienen drei seiner umfangreichen Gedichtsammlungen: *Begegnung in der Zeit* (Spotkanie w czasie, 1929), *Noch gegenwärtige Vergangenheit* (Dzieje nieostygłe, 1935) und *Strom und Schweigen* (Strumień i milczenie, 1937). Die Vorahnung der nahenden Katastrophe ist bereits 1933 in seinem Gedicht *Im Nebel* (W mgle) zu spüren:

I słyszę wrogi krok przyszłości,
Krający mokry mrok wieczorów,
Wśród zaplątanych w ślepy pościg
I migających blask motorów

(Ich höre auch den feindlichen Schritt der Zukunft, der die feuchte Abenddämmerung zerschneidet, verfangen im schimmernden Glanz der Motoren, inmitten blinder Verfolgung.)

Für die pluralistische, aufgeschlossene Dichtergruppe „Avantgarde" ist im Unterschied zu den Futuristen, mit denen sie vieles gemeinsam hatte, eine eigentümliche Gegenwartsbezogenheit charakteristisch, die sich sowohl in der Stadtthematik als auch in der

Hervorhebung der modernen Zivilisation mit ihren technischen Errungenschaften äußerte.

In den Manifesten der „Krakauer Avantgarde" hieß die Losung: Stadt-Masse-Maschine. Das bedeutete eine Absage an die traditionelle Lyrik mit ihrem „subjektivistischen, emotionalen Exhibitionismus", bei gleichzeitiger Betonung des intellektuellen Schaffensprozesses. Zwar schrieb man der Lyrik eine soziale Funktion zu, doch sie sollte nicht in einer Art vulgärer Agitation bestehen, die eine Verflachung der Ausdrucksform nach sich ziehen würde. Im Gegenteil, die Avantgarde war bestrebt, die Schablonenhaftigkeit der bisher angewandten Kunstfiguren durch eine neue Metaphorik aus dem Bereich der „begrifflichen Sprache" zu ersetzen. Der Reim hatte in erster Linie eine organisierende Funktion zu erfüllen.

Zum bedeutendsten Dichter der „Krakauer Avantgarde" avancierte Julian Przyboś (1901–1970). Seine Lyrik zeichnet sich vor allem durch Knappheit des Ausdrucks und durch reiche Metaphorik aus:

> Gmachy
> Poeta,
> wykrzyknik ulicy!
>
> Masy współzatrzymane, z których budowniczy
> uprowadził ruch: znieruchomiałe piętra.
>
> Dachy
> przerwane w skłonie.
> Mury
> wynikłe ściśle.
> Góry naładowane trudem człowieczym:
> gmachy.
>
> Pomyśleć:
> Każda cegła spoczywa na wyjętej dłoni.

(Häuser, Dichter, das Ausrufungszeichen der Straße! / Halb aufgehaltene Menschenmengen, denen der Baumeister die Tätigkeit entriss: bewegungslose Stockwerke. / Dächer in ihrer Neigung durchbrochen. Mauern exakt gefertigt. / Berge beladen mit menschlichen Mühen: Häuser. / Man denke: Jeder Ziegel ruht auf einer ausgestreckten flachen Hand.)

Die verdichtete lyrische Sprache versucht sich auch an kühnen erotischen Bildern und Naturschilderungen.

Zu der „Krakauer Avantgarde" zählten noch Jalu Kurek (1904–1983), Bruno Jasieński (1901–1939), Adam Ważyk (1905–1982) u.a. Neben dieser Gruppe und neben den Regionalisten der Dichter-Gruppe „Czartak", die sich den Problemen der Bergbewohner widmete, und der kleinen Gruppe der Formisten mit Tytus Czyżewski (1885–1945) an der Spitze, agierte seit 1927 in Warschau der Dichter-Zirkel um die Zeitschrift *Quadriga*. Diese Gruppe, die sowohl an die Auffassungen der Avantgarde als auch an die „Skamandriten" anknüpfte, griff häufig zur satirischen Groteske, um an den sozialen und politischen Zuständen Kritik zu üben. Bezeichnend dafür ist die anklagende Aussage von Stanisław Ryszard Dobrowolski (1907–1985) aus der Sammlung *Rückkehr in das Weichselgebiet* (Powrót na Powiśle, 1935):

> Wy, coście nas zbujali — trzeba przyznać — zdrowo
> i w narodowych trumnach laurowo posnęli,
> patrzcie no teraz w Polskę swą dwukolorową,
> tylko bardzo ostrożnie, by was nie zamknęli!

> (Ihr, die ihr uns — man muss schon sagen — anständig etwas vorgeflunkert und in nationalen Särgen in Lorbeer eingeschläfert habt, schaut nun jetzt Euer ‚zweifarbiges' Polen an, aber sehr vorsichtig, damit man Euch nicht einsperrt!)

Große Popularität, vor allem bei der Jugend, besaß ein anderer Vertreter der „Quadriga-Gruppe", Konstanty Ildefons Gałczyński (1905–1953). Neben pointierter satirischer Groteske spielt in seiner Dichtung ein konstanter Zug zum Pessimismus eine bedeutende Rolle. Er kommt u.a. in dem bekannten Gedicht *Makrelen in Tomate* (Skumbrie w tomacie, 1936) zum Ausdruck. Der mittelalterliche König Łokietek erscheint als alter Mann mit einem Hund in der Redaktion des Blattes „Himmelswort" (Słowo niebieskie) und verkündet: Er ziehe nach Polen, um Ordnung zu schaffen. (Idę na Polskę zrobić porządek), was sich allerdings als vergeblich erweist, weil vor zehn Jahren ebenfalls ein „Edelmütiger" das gleiche vorhatte und offensichtlich scheiterte, was eine Anspielung auf den Staatsstreich Piłsudski's im Mai 1926 war.

In verstärktem Maße wurde der Katastrophismus für eine weitere Dichter-Gruppe, die sich um die Wilnaer Zeitschrift *Żagary* sammelte, wie bei Aleksander Rymkiewicz (1913–1983), Czesław Miłosz (1911–2004) u.a. kennzeichnend.

3. Die Prosa

Auch die Prosa der Zwischenkriegszeit war von verschiedenen literarischen Richtungen geprägt. Besonders auffällig sind der Zug zur „Politisierung" sowie die Bemühung um eine authentische Darstellungsweise.

Die Neigung zu politischen Themen kommt deutlich in den Romanen des Schriftstellers Juliusz Kaden-Bandrowski (1855–1944) zum Ausdruck. Kaden, ein Anhänger Piłsudskis, schildert den späteren Diktator in dem Schlüsselroman *General Barcz* (1923) in der Zeit vom Ende des Ersten Weltkrieges bis zum Ende der kriegerischen Auseinandersetzung mit Russland (1921). Doch die Zeitgeschichte wird weitgehend in den Hintergrund gedrängt. Im Vordergrund steht stets die Person des Generals Barcz-Piłsudski, den zwei treue Offiziere unterstützen: Pyć und Rasiński, der an gewisse Züge der Biographie des Autors denken lässt. Kaden ist es in diesem Roman gelungen, die Macht des Staatsapparates so darzustellen, dass die aus der Staatsräson sich ergebenden Notwendigkeiten das Individuum beherrschen und zum Wandel seiner politischen Ansichten bewegen.

Der ehemalige Sozialist Barcz wird zum pragmatischen, unter der Einsamkeit in seinem hohen Staatsamt leidenden Staatsmann. Kadens zweiter politischer Schlüsselroman, *Mateusz Bigda* (1933), stellt den Werdegang des Bauernführers Wincenty Witos dar, den die Piłsudski-Diktatur des Ministerpräsidentenamtes enthob. Hier legt Kaden besonderen Wert darauf, zu zeigen, auf welche Weise die Politikergruppe um Witos zur Macht gelangte. Allein der Beschreibung dieses Vorgangs widmet er drei Bände seines Prosawerkes, das zugleich den dritten Teil der Trilogie *Schwarze Flügel* (Czarne skrzydła, 1928–29) darstellt. In den schon früher konzipierten Teilen schildert Kaden das tragische Schicksal eines Bergarbeiters. In diesem „polnischen Germinal" wird der brutale, vor Verbrechen nicht zurückschreckende Konkurrenzkampf der Grubenbesitzer gezeigt, durch dessen Rücksichtslosigkeit vierzig Bergarbeiter den Tod finden.

Aufgrund eigener Erfahrung thematisierte der ehemalige Bergmann Gustaw Morcinek (1891–1963) Probleme des schlesischen Bergbaugebietes. Sein berühmter Roman *Der ausgehauene Gang* (Wyrąbany chodnik, 1932) erzählt von der Entstehung der polnischen Arbeiterbewegung in den Jahren 1890–1920, die sich vor allem gegen die Deutschen richtet und die in den schlesischen Aufständen gipfelte.

Die Authentizität betont insbesondere die erst in den 30er Jahren gegründete Dichter-Gruppe „Vorstadt", der die berühmten Schriftsteller Zofia Nałkowska und Bruno Schulz sowie viele andere angehörten.

In Anlehnung an die zeitgenössische französische Prosa hat Nałkowska schon 1926 auf die Authentizität einer biographischen Erzählung als ein „Ausdruck der erlebten Wirklichkeit" (wrażenie rzeczywistości żywej) hingewiesen. Dieses Bestreben nach authentischer Darstellungsweise beeinflusste erst die zweite Periode des literarischen Werkes von Zofia Rygier-Nałkowska (1884–1954).

Der bedeutendste psychologische Roman Nałkowskas, *Die Grenze* (Granica, 1935), der auf dem Motiv der *Ulana* von Kraszewski aufbaut, sprengt den Rahmen der psychologischen Analyse der Heldin Justyna, die sich an ihrem untreuen Geliebten rächt, der sie zum Schwangerschaftsabbruch gezwungen habe, und ihn blendet. Die moralische Verantwortung und das Problem des Bösen sind die zentralen Fragen, die Nałkowska in ihren Prosawerken auf individueller und gesellschaftlicher Ebene behandelt.

In ihrer Novellen-Sammlung *Die Wände der Welt* (Ściany świata, 1931), in der sie das Leben der Gefangenen darstellt, zeigt sich Nałkowskas Interesse an verwickelten sozialen Fragen. Sie entdeckte den Schriftsteller Bruno Schulz (1892–1942), der der Prosa der Zwischenkriegszeit neue Impulse vermittelte.

Beeinflusst von Franz Kafka, den er ins Polnische übersetzte, lässt Schulz in seinen Erzählungen *Die Zimtläden* (Sklepy cynamonowe, 1934) und *Sanatorium unter der Wasseruhr* (Sanatorium Pod Klepsydrą, 1937) seine Gestalten zu Symbolfiguren werden. In seinen Kindheitserinnerungen aus einem kleinen jüdischen Dorf erweist sich Schulz als Meister der Groteske, der Phantastik und des Humors. Seine Sprache ist reich an metaphorischen Ausdrücken, die z.T. aus der Bibelsprache stammen.

Manche Übereinstimmungen mit den Erzählungen Schulz', so z.B. in Bezug auf die Erzähltechnik, lassen sich in dem grotesk-absurden Roman *Ferdydurke* (1937) von Witold Gombrowicz (1904–1964) feststellen.

Ferdydurke ist ein Tagebuchbericht eines Jugendlichen, erzählt aus der Retrospektive, der zum Protest gegen die Gesellschaft mit ihren erstarrten Normen und überkommenen Kulturvorstellungen wird. Dieses Prosawerk stellt außerdem eine Satire auf die Primitivität des bürgerlichen Fortschrittsgedankens, der zu einer Art von Snobismus wird, dar.

Auffällig ist, dass während der hier behandelten Epoche zahlreiche Frauen schriftstellerisch Bedeutung erlangt haben. Neben Nałkowska, Hanna Malewska (1911–1983), Zofia Kossak (1890–1968), Ewa Szelburg (1899–1986) u.a. hat sich vor allem Maria Dąbrowska (1889–1964) Anerkennung als einer der besten Schriftsteller der Zwischenkriegszeit erworben.

In ihrem bedeutendsten, breitangelegten Familienroman *Nächte und Tage* (Noce i dnie, 1932–1934) beschreibt sie, ähnlich wie Th. Mann in den *Buddenbrooks*, den Verfall einer Familie. Dąbrowska verbindet den Niedergang der adligen Gutsbesitzerfamilie Niechcic mit der Geschichte Polens von 1863–1914. Gerade in diesem Zeitabschnitt vollzogen sich tiefgreifende wirtschaftliche und soziale Veränderungen, die zum unaufhaltsamen Untergang der landadligen Schicht führten. In diesem Prozess kommt es zur Herausbildung der Intelligenz, in die sich auch die Mitglieder der Familie Niechcic eingliedern. Dąbrowska, die Soziologie studiert hatte, lange Zeit als Fürsorgerin tätig war und sich schließlich als Journalistin und Schriftstellerin betätigte, gelang es, diese sozialen Umwälzungen meisterhaft darzustellen. Mit ihrem großen Familienroman zählt diese Schriftstellerin zu den bedeutendsten Prosaikern in der Tradition des Positivismus.

Zugleich mit dem Erscheinen der *Nächte und Tage* veröffentlichte der sozialistisch engagierte Leon Kruczkowski (1900–1962) seinen Bauernroman *Kordian und Bauer* (Kordian i Cham, 1932), der sich an die Aufzeichnungen eines authentischen Tagebuchs anlehnt.

Diese Tagebuch-Montage ist bemüht, die Bauernfrage in ihrer historischen Perspektive unter Berücksichtigung des Klassenantagonismus aufzuzeigen. Der Bauernrebell, ein Dorfschullehrer, der sich für die Rechte der Bauern einsetzt und deshalb zum Militärdienst geschickt wird, weigert sich, am Novemberaufstand teilzunehmen, weil er überzeugt ist, dass der Aufstand zur Veränderung der Verhältnisse in Polen nicht beitragen werde. Er bezahlt seine für einen Polen ungewöhnliche Haltung mit dem Leben. Hier demonstrierte Kruczkowski, dass der Slogan der Adligen „Mit dem polnischen Adel, das polnische Volk", nicht vom Volk getragen wurde und deshalb der Aufstand auch zum Scheitern verurteilt war. Auch in den Prosawerken Jan Wiktors (1890–1967) wird die schlechte wirtschaftliche und soziale Lage der Bauern behandelt; der Verfasser bezieht allerdings einen anderen Standpunkt als Kruczkowski. Er sieht die moralische Verpflichtung zur Beseitigung der Misere und glaubt, dass das Übel durch allgemeine Bildung beseitigt werden könne. Wiktor richtete außerdem seine Aufmerksamkeit auf die damals aktuelle Problematik der in Frankreich arbeitsuchenden Bauern. Sein Roman *Die Weiden über der Seine* (Wierzby nad Sekwaną, 1933) zeigt das Leid, die Enttäuschungen und die Ausbeutung der Bauern in der Fremde.

4. Das Theater

In Polen wurde im Jahre 1913 das „Polnische Theater" (Teatr Polski) in Warschau durch Arnold Szyfman gegründet, das die Entwicklung des Theaterlebens weitgehend mitbestimmte und dazu beitrug, dass die Hauptstadt zum Zentrum der Schauspielkunst wurde.

Die moderne technische Ausstattung mit der ersten Drehbühne in Polen bot freilich einen Anziehungspunkt für bedeutende polnische Schauspieler wie Stanisława Wysocka, Jerzy Leszczyński, Józef Węgrzyn u.a.

Das heimische Repertoire war beim Publikum ebenso beliebt wie die Werke ausländischer Dramatiker mit Bernard Shaw an der Spitze. Mit diesem Theater war auch Leon Schiller (1877–1954), die hervorragende Theaterpersönlichkeit Polens, eine Zeitlang verbunden. Dieser große Regisseur, ein Schüler von E.G. Craig, vertraut sowohl mit dem westeuropäischen als auch mit dem zeitgenössischen sowjetischen Theater, das von Stanislawskij, Tairov und Meyerhold geprägt wurde, strebte in Polen eine Theaterreform an, die Illusionstheater und Bühnennaturalismus ablösen sollte. Seine Vorstellungen eines „monumentalen" Theaters konnte er in dem in Warschau gegründeten Bogusławski Theater (Teatr im. Bogusławskiego) in die Tat umsetzen.

Viel radikaler in Bezug auf die Umgestaltung des traditionellen Theaterbetriebs war die Tätigkeit der Bühne „Redoute" (Reduta) mit ihrem Regisseur Juliusz Osterwa. Dieses avantgardistische Theater, das sich weitgehend an dem „Moskauer Künstlertheater" von Stanislawskij orientierte, bemühte sich durch Gastspiele in

Dörfern und kleinen Städten ein anderes Publikum anzusprechen; es wollte den Rahmen der bisherigen Theateraufführungen sprengen. Die „Redoute" spielte vor allem polnische Dramen und war für Experimente zugänglich. Auf dieser Bühne wurden mehrere Stücke des populärsten Dramatikers der Zwischenkriegszeit, Jerzy Szaniawski (1886–1970), aufgeführt. Trotz Anwendung bestimmter schematischer Kunstgriffe, wie der Konfrontierung von Realität und Traumwelt, und trotz trivialer Handlungen hatten die Dramen Szaniawskis einen unerwarteten Erfolg, wie z.B. *Der papierne Geliebte* (Papierowy Kochanek, 1920) und *Der Vogel* (Ptak, 1923). Für Szaniawskis Stücke ist der „menschliche" Ausgang der Dramen ebenso typisch wie ein gewisser Hang zur Symbolträchtigkeit (der Vogel im erwähnten Stück als Symbol von Werten, die dem Alltagsleben entgegengestellt werden), was sicherlich auf die dramatische Tradition des Jungen Polen zurückgeht. Hier sei auch an das wohl beste Stück Szaniawskis *Der Rechtsanwalt und die Rosen* (Adwokat i róże, 1929) erinnert.

Im Garten eines bekannten Rechtsanwalts verwundet ein vermeintlicher Dieb einen Polizeiagenten und kommt ins Gefängnis. Die Verteidigung des straffällig gewordenen jungen Mannes übernimmt ungeachtet der Tatsache, dass der vermeintliche Dieb der Geliebte seiner Frau ist, der Rechtsanwalt, ohne jedoch seine Beweggründe aufzudecken. Dieses psychologische Drama operiert mit der Technik des Gedankendialogs. Dabei bekommen selbst Pausen und Andeutungen einen Wert, vor allem bei der subtilen Darstellung des menschlichen Leides.

Während die Dramatik Szaniawskis eher in der polnischen Tradition verankert war, verhalf Witkacy (Pseudonym für Stanisław Ignacy Witkiewicz, 1885–1939) in seinen dramatischen Werken der Moderne zum Durchbruch.

Der Romanautor, Maler und Dramatiker Witkacy entwickelte eine originelle dramatische Theorie der „reinen Form", die auf einer bewussten Deformierung der „Wirklichkeit" beruht. Witkacy glaubt, durch die Realisierung eines bühnenwirksamen Schauspiels, das allein den Gesetzen der Dramaturgie verpflichtet ist, auf die Mimesis im Drama verzichten zu können. In der dramatischen Praxis bedeutet das u.a. die Aufhebung der Bühnenillusion in Bezug auf Ort und Zeit der Handlungsabläufe und die Vernachlässigung der psychologisch begründeten Handlungskausalitäten.

Es geht vielmehr in erster Linie darum, eine den realen Lebensgesetzen widersprechende phantastisch-traumhafte Psyche der Figuren so zu konstruieren, dass dem Zuschauer ein „metaphysischer Schock" versetzt wird, der ihn zum Staunen über das Sein veranlassen soll.

Witkacys mehr oder weniger geglückte Versuche der Realisierung seiner Vorstellungen beziehen sich auf Themen wie den Verlust der Identität (*Maciej Korbowa und Bellatrix*, 1918), Diktatur der Macht (*Schuster / Szewcy*, 1931–34), Stellung des Künstlers in der Gesellschaft (*Narr und Nonne / Wariat i Zakonnica*, 1923), Prozess der Mechanisierung und Pervertierung der Gesellschaft (Sonata Belzebuba, 1925) u.a. Es ist bemerkenswert, dass die Dramen Witkacys in den sechziger Jahren auch im Ausland starkes Interesse gefunden haben. Einige Bühnenstücke wurden in der Bundesrepublik mit Erfolg aufgeführt.

An keine dramatische Richtung war der Komödientyp, zu dem Bruno Winowars (1885–1944) Stücke gerechnet werden können, gebunden. Seine Sittenkomödien sind allesamt von der gleichen Thematik bestimmt, nämlich der Stellung der Intelligenz im Übergangsstadium von der Agrar- zur Industriegesellschaft. Typisch ist dabei die Konsequenz in der Darstellung der Figur des unbeholfenen Wissenschaftlers, der mit der materialistisch eingestellten, heuchlerisch verlogenen Gesellschaft konfrontiert wird.

Winowar war selbst Wissenschaftler und kannte die Hochschule aus eigener Erfahrung. Zu seinen besten Komödien zählt *Das Buch Hiob* (Księga Hioba, 1921), in der ein ärmlicher Wissenschaftler gezeigt wird, dessen Familie vorwiegend von seiner Frau, einer Kabarett-Diva, unterhalten wird. Der Wissenschaftler, der in eine Affäre verwickelt ist, arbeitet nun als Monteur in einem Elektrizitätswerk. Nachdem er schließlich eine Gefängnisstrafe verbüßt und ihn seine Frau verlassen hat, wird ihm durch eine Erfindung Erfolg beschieden.

Unter den Dramatikern der Zwischenkriegszeit soll noch Ludwik Heronim Morstin (1886–1966) als Initiator des polnischen Neoklassizismus erwähnt werden. Treu der Konzeption des deutschen Dramatikers und Theoretikers Wilhelm von Scholz wandte sich Morstin in seinen Dramen geschichtlichen Stoffen zu. Neben Themen aus der Geschichte Polens (*Die Legende vom König / Legenda o królu*, 1916) behandelte er in seiner späteren Schaffensperiode bekannte Frauengestalten aus der Welt der Antike. Die

Verteidigung der Xanthippe (Obrona Ksantypy, 1939) gehört zweifellos zu seinen besten dramatischen Kompositionen. Er versucht, dem geläufigen Bild der Xanthippe als eines „bösen Weibes" entgegenzuwirken, indem er zeigt, wie die nur auf sich selbst angewiesene Frau den Lebensunterhalt des großen, dem praktischen Leben fremden Philosophen bestreiten muss.

5. Die Sprache

Mit der Wiederherstellung des Staates begann auch für die Sprachentwicklung ein neuer Abschnitt. Vor allem die Schule und der Rundfunk, mit speziellen, der Sprache gewidmeten Sendungen bemühten sich um die Verbreitung der polnischen Sprachnorm.

Es entstanden zahlreiche Kommissionen und Gesellschaften, die sich besonders der Pflege der Sprache annahmen: Die „Kommission der polnischen Sprache der Akademie der Wissenschaften" (Komisja Języka Polskiego Akademii Umiejętności) mit ihrer Zeitschrift *Die polnische Sprache*, die „Gesellschaft der Freunde der polnischen Sprache" (Towarzystwo Miłośników Języka Polskiego, 1920), die „Gesellschaft zur Verbreitung der Korrektheit und Kultur der polnischen Sprache" (Towarzystwo Krzewienia Poprawności i Kultury Języka Polskiego, 1930), die die seit 1919 wiedererscheinende Zeitschrift *Sprachlicher Ratgeber* zu ihrem Sprachrohr machte, und nicht zuletzt die durch Initiative des Schriftstellers Żeromski erst 1933 gegründete „Polnische Akademie der Literatur" (Polska Akademia Literatury).

Die „Gesellschaft der Freunde der polnischen Sprache" gab eine Reihe heraus, in der einige bedeutende sprachkritische Untersuchungen erschienen sind, wie S. Szobers *Auf der Wacht der Sprache* (Na straży języka, 1937), T. Lehr-Spławinskis *Skizzen aus der Geschichte der Entwicklung und Kultur der polnischen Sprache* (Szkice z dziejów rozwoju i kultury języka polskiego, 1938).

Das Bestreben nach der Reinerhaltung der Sprache unterstützte aus wissenschaftlicher Sicht u.a. der Berliner Slavist Alexander Brückner durch seine Arbeit *Der Kampf um die Sprache* (Walka o język, 1917). Brückner schrieb außerdem eine *Geschichte der polnischen Sprache* (Dzieje języka polskiego), die während kurzer Zeit drei Auflagen erlebte (Lemberg 1906 und 1913, Warschau 1925). Ferner gab er auch ein *Etymologisches Wörterbuch der pol-*

nischen Sprache (Słownik etymologiczny języka Polskiego, Krakau 1926–1927) heraus.

Nicht unerwähnt sollen hier die Bemühungen des Breslauer Slavisten Władysław Nehring um die *Altpolnischen Sprachdenkmäler* bleiben.

In Zusammenhang mit den Bemühungen um die polnische Sprache muss auch die Tätigkeit des international bekannten Linguisten Jan Baudouin de Courtenay (1845–1929) hervorgehoben werden, der einen *Abriss der Geschichte der polnischen Sprache* (Zarys historii języka polskiego, 1922) verfasste; er leitete auch den der polnischen Orthographie gewidmeten Kongress von 1906. Freilich wurden die 1918 beschlossenen sprachlichen Normen nicht allgemein anerkannt; trotzdem waren sie von großem Nutzen für eine allgemein gültige Rechtschreibung. Erst 1936 wurde nach langanhaltenden Diskussionen Einigkeit erzielt.

LITERATUR NACH 1945[22]

Der Ausbruch des Zweiten Weltkrieges bedingte keinen Stillstand für die polnische Literatur. Sowohl im Ausland als auch im Untergrund wurde trotz des Kampfes gegen die deutsche Besatzungsmacht literarisch weitergearbeitet. Etliche talentierte junge Dichter aber wie Krzysztof Kamil Baczyński, Tadeusz Gajcy, Zdzisław Stroiński u.a. sind während des Krieges gefallen.

Nach der Befreiung erlebte die polnische Literatur einen erstaunlichen Aufschwung, nicht zuletzt dank der Bemühungen der Vertreter der älteren Schriftstellergeneration wie Dąbrowska, Nałkowska, Przyboś, Ważyk, Iwaszkiewicz, Jastrun u.a. erfolgte.

Rasch kam es zur Gründung von literarischen Zeitschriften. Bereits 1944 entstand die *Wiedergeburt* (Odrodzenie) und ein Jahr danach die überwiegend marxistisch orientierte *Schmiede* (Kuźnica). Bald nahm auch die literarische Revue *Werke* (Twórczość), die belletristische Arbeiten publizierte, ihre Tätigkeit auf.

Es ist nicht verwunderlich, dass die veränderten politischen, sozialen und wirtschaftlichen Verhältnisse in Polen einen Einschnitt in der Geschichte der polnischen Literatur darstellen. Wenn sich auch alsbald eine neue Entwicklung abzeichnete, zunächst gaben noch die Schriftsteller der Zwischenkriegszeit den Ton an. Die Themenwahl der Literatur der ersten Nachkriegsjahre beschränkte sich auf zwei Bereiche: der Krieg selbst, mit all dem Leid, das er mit sich brachte, und die Suche nach den Gründen; die den Zusammenbruch des polnischen Staates bewirkten.

Die Antworten auf die Fragen sollten zur baldigen Überwindung des Schocks beitragen, den die polnische Gesellschaft durch den Überfall auf ihren Staat erfahren hatte.

Die Ursachen der Katastrophe suchten die Schriftsteller im inneren Zustand des polnischen Staates, namentlich in der wirtschaftlichen Rückständigkeit, der sozialen Ungerechtigkeit, in der Unzulänglichkeit und Bestechlichkeit der Staatsführung. Dies wird auch in den Romanen von Tadeusz Breza (*Die Mauern von Jericho* / Mury Jerycha, 1946), Nałkowska (*Bande des Lebens* / Węzły Ży-

---

[22] Dieser Anhang stellt eine Zusammenfassung einer vom Verfasser in Vorbereitung stehenden Monographie über die polnische Gegenwartsliteratur dar.

cia, 1948), Jerzy Putramet, (*Die Wirklichkeit / Rzeczywistość* 1947), Karzimierz Brandys (*Zwischen den Kriegen / Między wojnami*, 1948–1951) deutlich gezeigt.

Das Thema des Krieges mit seinen grausamen Begleiterscheinungen ist u.a. von Nałkowska in der skizzenhaften Sammlung *Medaillons* (Medaliony, 1946) aus der nüchternen Distanz des Mitglieds der „Internationalen Kommission zur Untersuchung von Verbrechen der Deutschen" dargestellt. Das Leid im Konzentrationslager wird anhand authentischer Zeugenaussagen geschildert, die nahezu kommentarlos wiedergegeben werden. Die Sachlichkeit ihrer Darstellungsart trägt der lapidaren Wahrheit der begangenen Grausamkeiten Rechnung.

Auch der Erzählzyklus von Tadeusz Borowski mit dem Titel *Die steinerne Welt* (Kamienny świat, 1948) entwirft ein Bild von der Abstumpfung der Menschen im Konzentrationslager. Die auf eigenen Erfahrungen des ehemaligen Häftlings Borowski fußenden Berichte decken schonungslos die zahlreichen Schwächen der Hauptfiguren auf und verzichten auf eine heroisierende Darstellungsweise. Auch Lucjan Rudnicki zeigt in seinen Erzählsammlungen *Lebendiges und totes Meer* (Żywe i martwe morze, 1953) Menschen unter extrem belasteten Lebensbedingungen. Der Handlungsort seiner Erzählungen ist das jüdische Getto.

In diesem Zusammenhang ist das Drama Leon Kruczkowskis *Die Deutschen* (Niemcy, 1949) bemerkenswert, weil es ein differenziertes Bild von den Deutschen vermittelt. Außer dem unpolitischen Wissenschaftler Sonnenbruck, der sich aus Protest gegen die politischen Verhältnisse in den Kreis seiner Familie zurückzieht, werden auch aktiv gegen den Staat Hitlers kämpfende Deutsche, wie der ehemalige Assistent des Professors, gezeigt, der — aus dem Konzentrationslager geflohen — bei Sonnenbrucks Zuflucht sucht. Der Professor versagt ihm jedoch unter dem Druck seiner Familie die Hilfe.

In den 40er Jahren macht ein junger Lyriker auf sich aufmerksam, der zu den bedeutendsten zeitgenössischen Schriftstellern zählt, Tadeusz Różewicz (geb. 1921). Seine in einfacher und knapper Form konzipierte, aber an Aussagen reiche Lyrik in den Sammlungen *Die Unruhe* (Niepokój, 1947) und *Der rote Handschuh* (Czerwona rękawiczka, 1948) ist eine Klage (Lament), die von tiefem Pessimismus geprägt, Reflexe der schrecklichen Kriegserlebnisse birgt.

Die beiden erwähnten großen Themen der Literatur der ersten Nachkriegsjahre waren dermaßen vorherrschend, dass nur vereinzelt andere Themen aufgegriffen wurden.

Jerzy Andrzejewski (1910–1983) wies als erster auf die Konflikte hin, die sogleich nach der Befreiung Polens entstanden waren und weiterhin anhielten. Sein später verfilmter Roman *Asche und Diamant* (Popiół i diament, 1947) handelt vom Untergrundkampf, in den die jungen Polen verstrickt sind und den daraus entstehenden Problemen.

Nach der Stabilisierung der Machtverhältnisse und der Bewältigung der ersten wirtschaftlichen Schwierigkeiten vollzog sich im Kulturleben eine Wandlung. Den Wendepunkt brachte der IV. Schriftstellerkongress, der 1949 in Stettin stattfand und der den Sozialistischen Realismus zur einzig verbindlichen Kunstrichtung erklärte.

Die beiden bedeutendsten literarischen Zeitschriften *Wiedergeburt* und *Schmiede* wurden infolge der veränderten politischen Verhältnisse in einer neuen Zeitschrift *Neue Kultur* (Nowa Kultura, 1950) vereinigt und in Warschau herausgebracht. Auch die Schriftleitung der literarischen Revue *Werke* siedelte von Krakau nach Warschau um. Der weitgehenden Zentralisierung folgten Personalveränderungen in den Redaktionen. Um die neue Zeitschrift *Neue Kultur* versammelte sich eine Gruppe junger Schriftsteller, die den Sozialistischen Realismus propagierte.

Neben den sogenannten Produktionsromanen wie *Die Kohle* (Węgiel) von Aleksander Ścibor-Rylski und *Am Bau* (Przy Budowie) von Tadeusz Konwicki entstehen nach den Methoden des Sozialistischen Realismus verfasste beachtenswerte Romane wie Igor Newerlys *Das Andenken aus Zellulose* (Pamiątka z celulozy, 1952) mit einem sich vom Aufrührer zum sozialistischen Kämpfer wandelnden positiven Helden und Lucjan Rudnickis *Altes und Neues* (Stare i nowe, 1949) mit der Gestalt eines auf dem Lande aufgewachsenen jungen Arbeiters, der im Milieu der lodzier Arbeiterbewegung ein proletarisches Klassenbewusstsein entwickelt.

Während dieser Zeit zogen sich einige Schriftsteller völlig zurück, andere wiederum wandten sich weniger verfänglichen, historischen Stoffen zu, wie beispielsweise der katholische Schriftsteller Antoni Gołubiew, der den Romanzyklus *Boleslaw der Tapfere* (Bolesław Chrobry, 1947) schrieb.

Die eigentümliche Interpretation der marxistischen Kunsttheorie führte schließlich zur totalen Isolierung der polnischen zeitgenössischen Literatur von den literarischen Strömungen Westeuropas; dies bedeutete freilich eine Stagnation jedoch nur für einige Jahre; denn die Suche nach neuen Formen der Aussage macht sich bereits Ende des Jahres 1953 bemerkbar.

Die Tagung des „Rates für Kultur und Kunst" im Jahre 1954 war ein Signal zur Liberalisierung des Kulturbetriebes. Es zeigte sich nämlich, dass die Kunst, indem sie die existenziellen Lebenskonflikte mied, sich dem Rezipienten mehr und mehr zu verschließen begann.

Die anlässlich des ersten Jahrzehntes der polnischen Literatur der Volksrepublik durchgeführte Umfrage der Zeitschrift *Neue Kultur* bei den Schriftstellern mündete in eine Kritik an der damaligen Kulturpolitik. Auch in anderen Zeitschriften so z.B. in *Literarisches Leben* (Życie Literackie) wird diesbezüglich Kritik geübt.

In der Tat war die geäußerte Kritik am Sozialistischen Realismus von grundsätzlicher Bedeutung. Sie bezog sich in erster Linie auf den Standort des Schriftstellers, sein Verhältnis zur Zeitgeschichte und auf die Bedingungen des kulturellen Lebens in Polen. Das literarische Leben während der Jahre 1954–56 spielte sich vornehmlich auf den Spalten der Kulturzeitschriften ab.

Wegen der Schilderung sozialer Missstände in der sozialistischen Gesellschaft erregte das in der *Neuen Kultur* erschienene *Poem für Erwachsene* (Poemat dla dorosłych, 1965) von A. Ważyk großes Aufsehen. Klagen und Empörung wurden damals zum Leitmotiv zahlreicher Erzählungen, und das vor allem bei den ehemaligen Verfechtern des Sozialistischen Realismus.

Der dem „Polnischen Oktober" (1956) folgende Kongress des „Verbandes Polnischer Literaten" (Związek Literatów Polskich) im Dezember 1956 zielte darauf hin, der Welle der Abrechnung in der Literatur ein Ende zu setzen. Er brachte insofern eine Wende, als von nun an Ansprüche auf eine „problematisierende" Literatur gestellt wurden, und zwar in Bezug auf Geschichte, Gesellschaft und Ideologie.

Das Jahr 1956 markiert also eine Grenze zweier voneinander verschiedener „Denkstile in der polnischen Literatur". Die Aufgabe der Literatur bestand von nun an in der Bejahung der politischen Wirklichkeit, sowohl im Aufzeigen ihrer immanenten Widersprüche als auch ihrer weiteren Entwicklungsmöglichkeiten.

Die nun folgende Entwicklung, die die polnische Literatur erkennen lässt, war von einem tiefen Misstrauen der Schriftsteller gegen jegliche Form des Uniformismus begleitet.

Die Literatur unmittelbar nach dem Jahre 1956 enthält mehr oder weniger deutliche politische Anspielungen. Das betrifft sowohl die Lyrik von Paweł Hertz (*Das Lied vom Marktplatz* / *Pieśń z rynku*, 1957) und Wiktor Woroszylski (*Grausamer Stern* / *Okrutna gwiazda*, 1957) als auch die Prosa von J. Andrzejewski (*Die Dunkelheit bedeckt die Erde* / *Ciemność kryje ziemię*, 1957), von K. Brandys (*Mutter der Könige* / *Matka królów*, 1957) und von T. Konwicki (*Aus der umzingelten Stadt* / *Z oblężonego miasta*, 1956). Ähnlich sind die Verhältnisse beim Drama, so z.B. bei Jerzy Broszkiewicz (*Die Namen der Macht* / *Imiona władzy*, aufgeführt 1957) und Roman Brandstaetter (*Schweigen* / *Milczenie*, aufgeführt 1957).

Dieser Literatur folgte eine rege Übersetzungstätigkeit, die dazu beitrug, dass die polnischen Schriftsteller zunehmend ihr Interesse auf die Literatur und Philosophie des Westens lenkten. Vor allem der Existentialismus französischer Prägung schien für die Thematik der nun folgenden Jahre neue Anregungen zu vermitteln. Dies brachte eine gewisse inhaltliche Belebung mit sich, die von formalen Experimenten begleitet wurde. Das kollektive Interesse rückte zugunsten des Individuums in den Hintergrund. Die Einmaligkeit der individuellen Existenz des Menschen mit seinem Bewusstsein und seinem Verhältnis zur Geschichte, dem Interessenkonflikt zwischen ihm und der Gesellschaft und nicht zuletzt die sozialen Konventionen mit ihrem gegen das Individuum gerichteten aggressiven Charakter beherrschen den Themenkreis der Literatur, die vom schriftstellerischen Individualismus getragen und von verschiedenen Stilrichtungen geformt wird.

Das Entstehen neuer Zeitschriften wie *Politik* (Polityka), *Gegenwart* (Współczesność), *Buchstaben* (Litery) u.a. begünstigte das literarische Debüt etlicher Dichter (Miron Białoszewski, Bohdan Drozdowski, Jerzy Harasymowicz, Zbigniew Herbert, Stanisław Grochowiak u.a.). Es werden Publikationen von Werken ermöglicht, die z.T. schon früher geschrieben wurden. Sie widmen sich der Zeitgeschichte, namentlich der Kriegszeit (Roman Bratny, *Kolumben Jahrgang 20* / *Kolumbowie rocznik 20*, 1957 u.a.).

Auch der historische Roman gewinnt wieder an Aktualität (Teodor Parnicki, *Das Ende der „Völkereinheit"* / *Koniec „Zgody Narodów"*, 1957 u.a.), ebenso die historische Essayistik (Jan Parandowski, *Petrarka*, 1956).

Eine eigene Sicht der zeitgeschichtlich bedingten Veränderungen gab J. Iwaszkiewicz in einem der besten Nachkriegsromane, in *Ruhm und Lob* (Sława i chwała, 1956–1962), in dem er das vergebliche Bemühen der Menschen nach der Schaffung stabiler Kultur- und Lebensformen während der Jahre 1913–1947 darstellt.

Das bis heute umstrittene „Kultbuch" *Der Böse* (Zły, 1955) von Leopold Tyrmand öffnete der Literatur neue Wege.

In den Erstlingswerken der jungen Prosaiker (Marek Hłasko, Eugeniusz Kabac u.a.) trat ein offener Pessimismus hervor, der zum Nihilismus neigte. Der Schilderung einer brutalen Welt, in der kein Vertrauen mehr möglich ist, entsprechen Gefühle der Einsamkeit, der Angst, der Verzweiflung, der Verbitterung, der Skepsis und des Zynismus. Die Erzählungen Hłaskos (1934–1969) werden zum größten Bucherfolg im Nachkriegspolen. Seine erste Sammlung, *Der erste Schritt in den Wolken* (Pierwszy krok w chmurach, 1956) erfuhr in kurzer Zeit drei Auflagen. Sein Erfolg war begründet sowohl durch den Reiz der Neuheit seiner Themenwahl und Darstellungsweise als auch durch seinen unbestechlichen Verismus. Er schildert die Härte und die oft sinnlose Grausamkeit des Alltagslebens. Die jungen Helden seiner Erzählungen, Arbeiter, Kraftfahrer, Studenten, versuchen sich vergeblich aus ihrer Lebenssituation zu befreien. Bezeichnend dafür ist der Titel einer seiner Erzählungen *Die Dummen glauben an einen Morgen* (Głupcy wierzą w poranek). Schonungslos zeigt Hłasko in seinen Werken die Entfremdung des Menschen.

Es ist daher nicht überraschend, dass diese sogenannte „schwarze" Literatur, die der Literaturtheorie des Sozialistischen Realismus diametral entgegenstand, auf Kritik stieß. Von der Literaturkritik wurden ihr u.a. das Fehlen einer geistigen Orientierung und eine von Westeuropa beeinflusste Neigung zum Snobismus vorgeworfen.

In der nun folgenden Zeit bemühten sich die Literaturkritiker und die Schriftsteller um einen Konsens in Bezug auf die Zielsetzung für die künftige Literaturentwicklung. Durchgesetzt hat sich schließlich die Auffassung, dass die Literatur vor allem die Entfaltung der Persönlichkeit des Künstlers wie auch des Lesers dienen und darüber hinaus durch Schärfung des Bewusstseins gegen die Ängste der Gegenwart schützen sollte. Diese Grundvoraussetzungen bestimmen den Charakter der Literatur ab 1958. Erst das zweite Jahrzehnt der Nachkriegszeit bringt Veränderungen des Dramas mit sich, die nicht zuletzt durch Aufführungen von Stücken bedeutender westeuropäischer Dramatiker wie Eugene Ionesco und Samuel Beckett vorbereitet wurden.

Das polnische Theater, das nun zur Eigenständigkeit strebt, inszenierte mit wachsendem Erfolg Dramen von Witkacy und Gałczyński; dabei erwies sich der grotesk-symbolische Charakter dieser Theaterstücke als Wegweiser für eine künftige Dichtung, die der international bekannte Dramatiker Sławomir Mrożek (geb. 1930) propagierte.

Mrożeks *Tango* (1964) war ein Welterfolg. Seine Technik der Konfrontation von meist symbolischen Figuren mit der realen Wirklichkeit auf der Bühne erinnert an den „künstlerischen Synkretismus" Wyspiańskis. Unverkennbar sind Mrożeks Beziehungen zu der französischen Theateravantgarde.

Andere dramatische Praktiken verfolgt T. Różewicz in seinen Stücken (*Kartoteka*, *Grupa Laokoona* u.a.). Er sprengt den Rahmen des logischen. Handlungsablaufes durch die Diskrepanz zwischen der Verhaltensweise und der Aussage der Figuren und zeichnet so ein spezifisches Bild der menschlichen Existenz als Folge sinnloser Zufälle.

Bei den anderen Dramatikern (Jerzy Broszkiewicz, B. Drozdowski, Ernest Bryll) lässt sich eine Annäherung an das traditionelle Theater erkennen.

Berühmt wurde das polnische Experimentaltheater des Theatervisionärs Jerzy Grotowski (1933–1999). Der Protagonist einer Theaterkunst, die völlig auf Pathos und die großen Gesten verzichtet, avisierte eine arte povera, die durch Reduktion des Gestischen und Mimischen erreicht werden sollte. In Grotowskis „Theater-Laboratorium" speiste sich die Aufführung aus Traumwelten und Archetypen. Dort suchte er seine theoretischen Überlegungen, die er in seiner Schrift *An das arme Theater* (Ku teatrowi ubogiemu, 1965) niederlegte, zu realisieren. Sein armes Theater samt der Idee der Wanderschaft und Initiationsreise durch Schrecken und Schönheit dieser Welt prägte das moderne Theater nachhaltig auch außerhalb Polens.

In der Prosa macht sich eine verstärkte Tendenz zur Darstellung einer wirklichkeitsnahen Sachlichkeit bemerkbar. Dies äußert sich in reportageähnlichen, essayistischen Prosakompositionen, kommentierten Reisebeschreibungen und Briefromanen. Solche Werke schreiben Tadeusz Breza (*Das eherne Tor* (*Spiżowa brama*), 1960), K. Brandys (*Briefe an Frau Z* (*Listy do Pani Z*) 1958–62), Jacek Bocheński (*Der Abschied von Fräulein Syngilu* (*Pożegnanie z panną Syngilu*, 1960) u.a.

In einigen Prosawerken wird wiederum die Zeit der Okkupation, verbunden mit einer neuen Sicht des Faschismus behandelt, so z.b. in *Die im Feuer Gebadeten* (Skąpani w ogniu, 1961) von Wojciech Żukrowski oder in *Eroika* (1963) von Andrzej Kuźniewicz.

Die Probleme des Dorfes mit den durch die zivilisatorischen Veränderungen verursachten Konflikten finden in der Prosa starke Beachtung, so in den Erzählungen Jan Bolesław Ożógs (*Kopftuch / Chustka*, 1959) und Władysław Madejkos (*Alles anders / Wszystko inaczej*, 1964) sowie in den Romanen Stanisław Czerinks (*Die Hand / Ręka*, 1963) und Julian Kawalec's (*Dem Boden verschrieben / Ziemi przypisany*, 1962).

Neben der satirisch-grotesken, sich mit der Problematik der Entfremdung auseinander setzenden Richtung, wie sie von S. Mrożek, Stanisław Dygat und in seinen Aphorismen Stanisław Jerzy Lec vertreten wird, macht sich eine verstärkte Neigung zum literarischen Experiment bemerkbar. Lec fordert in seinen *Unfrisierten Gedanken* (Myśli nieuczesane, 1959) aus den Erfahrungen der Ornithologen zu lernen: „Wenn Schriftsteller ihre Flügel entfalten sollen, müssen sie die Freiheit besitzen, sich ihrer Federn zu bedienen."

Zu nennen ist hier noch, außer dem psychologisierenden Roman Wilhelm Machs (*Berge über dem schwarzen Meer / Góry nad czarnym morzem*, 1961) Stanisław Lem mit seinen Science-fiction-Romanen *Solaris*, (1961), *Tagebuch in der Wanne gefunden* (Pamiętnik znaleziony w wannie, 1961) u.a., die als eine Art von „Offenbarung" betrachtet werden. Mit seinen Büchern, die in vielen Sprachen übersetzt wurden, erreicht der Futurologe Lem, der vom philosophischen Traktat über die Groteske bis zu Sozialutopie „sämtliche literarischen Chancen der Sciencefiction ausgelotet" hat, einen Welterfolg.

In den Werken der anderen Prosaiker lässt sich sowohl ein behutsames Anknüpfen an die einst von Hłasko geprägte Stilrichtung

(Marek Nowakowski, Ireneusz Iredyński) als auch an die Briefromantradition (Piotr Wojciechowski) feststellen.

Eine als „klassizistisch" zu bezeichnende Reflexionslyrik bevorzugen Zbigniew Herbert, Jerzy S. Sito und Jarosław Marek Rymkiewicz. Miron Białoszewski erschließt die Bereiche des Unbewussten und Untergründigen bei gleichzeitigem Interesse an der gegenständlichen, sachlichen Alltagswelt. Während Zbigniew Bieńkowski die existentielle Problematik auf rein spekulative Art angeht, flüchtet Jerzy Harasymowicz in seinen Gedichten in die Phantasie, ins Irrationale. Tadeusz Nowak dagegen setzt sich, nicht ohne soziologische und moralische Bezugspunkte zu berühren, gegen die moderne städtische Zivilisation zur Wehr und stellt ihr das traditionsreiche Dorfleben entgegen.

Stanisław Grochowiak schließlich rebelliert mit seinem Turpismus gegen die konventionellen Kriterien der Ästhetik, indem er besonders das Hässliche und Verstümmelte zeigt:

> Wolę brzydotę
> Jest bliżej krwiobiegu
> Słów gdy prześwietlić
> Je i udręczyć

(Ich mag die Hässlichkeit, sie ist dem Blutkreislauf der Worte näher, die durchleuchtet und verquält werden.)

Aber auch die älteren Dichter, zu denen schon Różewicz zählt, beeinflussen das spezifische Gepräge und die Entwicklung der zeitgenössischen Lyrik. Die konkrete, entmythologisierende Lyrik des Moralisten Różewicz greift die leeren gesellschaftlichen Konventionen, den Konformismus und die Passivität der Menschen an. Zudem birgt sie bisweilen Züge von Resignation, wie sie z.B. in dem Gedicht mit dem bezeichnenden Titel *Meine Poesie* (Moja Poezja, 1965) zum Ausdruck kommen:

> Moja Poezja
> otwarta dla wszystkich
> pozbawiona tajemnic
> ma wiele zadań:
> którym nigdy nie podoła.

(Meine Poesie ist für alle offen, bar des Geheimnisses. / Sie hat viele Aufgaben, die sie niemals bewältigt.)

Beeinflusst wurde die Neue Welle, wie die revoltierende Generation der 68-ger von der Literaturkritik genannt wurde, auch von der Lyrik des 1950 emigrierten Czesław Miłosz, dem 1980 der Nobelpreis verliehen wurde und dessen wichtigsten Werke im Untergrundverlag Nowa erschienen sind. Seine Aufsatzsammlung, die er als „verführtes Denken" (Zniewolony umysł) betitelte, basiert auf eigener Erfahrung mit der „Sklavenschaft des Geistes im totalitären Staat". Dabei zeigt er in der Analyse der schrecklichen Realität zugleich auch sich selbst. Miłosz's Dichtung wurde in der Zeit der Solidarität zum Fundus geflügelter Worte, die allgemein Bekanntheit erlangten, wie „Aufruhr entfacht das Wort des Dichters" (bunt roznieci słowo poety) oder „die Lawine wechselt den Lauf je nach der Steinart auf der sie sich bewegt" (Lawina bieg od tego zmienia po jakie toczy się kamienia). Auch der oft zitierte Dreizeiler aus der Gedichtsammlung *Tageslicht* (Światło dzienne, 1953) wurde populär:

> Nie bądź bezpieczny. Poeta pamięta
> Możesz go zabić — narodzi sie nowy
> Spisane będą czyny i rozmowy...

(Sei nicht sicher. Der Dichter erinnert sich. Du kannst ihn töten — ein neuer wird geboren. Es werden die Taten und Gespräche aufgezeichnet.)

In dieser Zeit entstehen zahlreiche Werke in polnischer Sprache in Exil. Die rege Buchproduktion kann, gemessen an der Zahl der polnischen Emigranten (nahezu 10 Mio.) nicht verwundern. Die in vielen Vereinigungen, politischen Zirkeln, kulturellen Klubs und ähnlichen Institutionen organisierten, in über 50 Ländern verstreuten Polen in der Emigration verfügen über eigene Verlage, Bibliotheken, Dokumentationszentren und geben mehrere Zeitungen und Zeitschriften heraus. Bedeutung erlangte die in Paris erscheinende Monatszeitschrift *Kultura*. Hier publizierte nicht nur Cz. Miłosz, sondern auch W. Gombrowicz sowie der bekannte Philosoph Leszek Kołakowski, dem Verfasser der „*Gespräche mit dem Teufel"* (1968).

Neben Paris war London das zweite Zentrum der Exil-Polen, wo allein zwei Drittel der gesamten Bucherscheinungen der Exil-Literatur publiziert wurde. In London bildete sich eine Gruppe jünger Schriftsteller, die ihre Erziehung und Bildung bereits in England genossen hatte und zwei eigene Zeitschriften gründete, den

Polnischen Merkur und später die *Kontinente*. Diese Autoren nutzten auch die Möglichkeit, Werke in ihre Heimat zu veröffentlichen.

Die „kleine Stabilität" im Lande, die schon im Vorfeld der politischen Ereignisse aufgehoben wurde, schuf Grundlagen für einen Realismus, dessen Funktionsrelevanz stark eingeschränkt war. Die Thematik beschränkte sich auf Reflektionen über das Leben in der konkreten polnischen Gesellschaft unter bestimmten kulturellen Traditionen. In der Lyrik dokumentiert sich die Haltung deutlich in den Gedichten Adam Zagajewskis, etwa in *Die Stadt* (Miasto):

> Miasto jest poczekalnią w której codziennie
> umierasz na szczurza chorobę przymykania oczu...
> Rano kradniesz wieczorem pijesz wódkę
> jestem dobrym człowiekiem, który ma swe zasady...

> (Die Stadt ist ein Wartesaal, in dem Du täglich stirbst an der „Rattenkrankheit" des Augenschließens... Morgens stiehlst Du, abends trinkst Du Wodka. Ich bin ein guter Mensch, der seine Grundsätze hat.)

Zagajewski gehörte zu der aufbegehrenden Lyrikergruppe Jetzt (Teraz) und baute die halblegale „Fliegende Universität" mit auf. Sein Band *Ich schwebe über Krakau* (2000) enthält kürzere und längere Erinnerungen, Reflexionen über die Dichtung, Aphorismen und Tagebucheintragungen, die locker aneinandergereiht sind und den Standpunkt eines Historikers und Dichters projizieren, der die „Geschichte aus der Sicht eines souveränen Menschen" schildert.

Das Kulturleben in der Volksrepublik der 80-ger Jahre verlief auf einigen mehr oder weniger durchschaubaren Ebenen; es war nur eine Frage der Zeit, dass die Literatur in die politischen Auseinandersetzungen miteinbezogen wurde. Die Ereignisse des Sommers 1980 haben dazu beigetragen, dass manche der Schriftsteller „politisiert" wurden und ihren politischen Standort selbst bestimmen mussten. Dabei war die Entscheidung, welche politische Seite sie künftig wählen, für einige von existenzieller Bedeutung.

Der Bruch zwischen Schriftstellern und Politikern, dessen sichtbares Zeichen die Suspendierung des „Polnischen Schriftstellerverbandes" im Dezember 1981 war, besiegelte die Spaltung der Schriftsteller in angepasste und oppositionelle. Diese politische Spaltung bewirkte nicht nur eine strikte Absonderung in verschiedene Lager, sondern darüber hinaus eine Zunahme „außerliterarischer" Komponenten in ihren Werken überhaupt, so vor allem im Prosaschrifttum, wo mehr und mehr auf die Beschreibung von Emotionen verzichtet wurde, so dass diese Literatur bisweilen „neutral" und „emotional ausgekühlt" wirkt.

Die Literaturkrise lässt sich anschaulich an den Hauptströmungen der Nachkriegsliteratur erkennen, so besonders am Verstummen der sogenannten Dorfprosa. Denn nach dem bekannten Roman *Stein auf Stein* (Kamień na kamieniu, 1983) von Wiesław Myśliwski hat damals diese Richtung der Gegenwartsliteratur nichts Gleichwertiges hervorgebracht. Dabei stellte sich die Frage, ob die zivilisatorische Problematik auf dem Lande mit ihren Konflikten und Gegensätzen für die Schriftsteller nun zum „zweitrangigen" Problem geworden ist. Diese Zurückhaltung vor aktueller bäuerlicher Thematik barg auch Symptome einer Krise in sich.

Ebensolche „Ermüdungserscheinungen" lassen sich innerhalb der zweiten wichtigen Tendenz der Prosa feststellen, die die historische Thematik bevorzugt. Auch diese Strömung konnte nach dem bedeutenden historischen Roman *Lamentation* (Lament, 1984) von Wiesław Lech Terlecki, der die Situation nach dem misslungenen Januaraufstand von 1863 aufarbeitete, kaum beachtenswerte Werke vorweisen.

Es war hingegen nicht verwunderlich, dass die politische Prosa im Mittelpunkt des öffentlichen Interesses stand. Gerade im politischen Leben vollzogen sich Prozesse, die auf einen Wandel der Standpunkte der Schriftsteller in ihrem Verhältnis zu Tagespolitik hindeuteten. Bei der scharfen Trennung der Schriftsteller in politische Lager zeigten sich mitunter neue Formen des Engagements.

Die Erwartungen, die an die politische Prosa gestellt wurden, waren schon der erfolgten gesellschaftlichen und politischen Veränderungen wegen besonders groß, und der Bedarf nach künstlerischer Objektivierung der Ereignisse, insbesondere derer nach 1980 erwies sich als sehr nachhaltig. Es mangelte zwar an der nötigen Distanz, doch die ganze Problematik der Trennung der Nation in gegensätzliche politische Lager war von solcher Tragweite, dass die Gegenwartsliteratur, zumal die, die das Politische zum Gegenstand hatte, nicht umhin konnte, den gegenwärtigen „Bewusstseinszustand" zu thematisieren. Diese aktuelle Thematik wird in der politischen Prosa entweder in symbolischen Bildern mit politischen Anspielungen oder in politisierenden Disputationen sichtbar. Michał Jagiełło z.B. stellt in seiner Erzählung *Der Brunnen* (Studnia, 1985) die Suche nach der Identität seines Helden, der „in etwas steckt, was er nicht ganz sein eigenes nennen kann", in den Mittelpunkt. Dies wird durch die Suche nach Wasser beim Graben eines symbolischen Brunnens unterstrichen. Darüber hinaus ist das ein Suchen nach einem „speziellen Echo" der Geschichte, das erst den Sinn der Zeitereignisse zu erhellen vermag, weil der Held selbst offenbar unfähig ist, das Geschehen vor und nach dem September 1980 zu verstehen. Schließlich wird die Politik als ein taktisches Operationsfeld verstanden, wo nur ein Austausch von Mannschaften erfolgt, vorbereitet von den Weisen des Geheimdienstes.

In dieser Zeit verdient ein anderes politisches Buch erwähnt zu werden, nämlich die *Jagdszenen aus Niederschlesien* (Sceny myśliwskie z Dolnego Śląska, 1985) von Józef Łoziński, die schon durch den Titel auf die „Jagdszenen aus Niederbayern" von Martin Sperr hindeuten und als Vorabdruck in der Literaturzeitschrift „Kultura" unter den Lesern ein ungewöhnlich breites Echo hervorgerufen hat. In diesem dialogreichen Werk geht es ebenso um die Identitätssuche im nationalen Kontext. Die Standortbestimmung des bis dahin im sozialistischen Lager angesiedelten Volkes mit seiner tiefen katholischen Tradition und mit seinem Freiheitswillen wird in diesem Werk zum Hauptgegenstand der Darstellung. Dabei werden die „romantischen" Vorstellungen von der ehemaligen Großmachtstellung in Europa einer Revision unterzogen. Die Figuren dieser „Jagdszenen" sind antithetisch konstruiert und typisierend so dargestellt, dass sie gewissermaßen als Repräsentanten sozialer Schichten und Gruppen vertreten, samt ihrer Standpunkte und Interessen.

Trotzdem wurde einer solchen politischen Prosa von der Kritik eine Art von „hohler Genese" (pustka genezy) unterstellt, die darin begründet war, dass einer schon fertigen Skala von Wertungen und Normen ein bestimmtes Paradigma von literarischen Requisiten zugrunde gelegt wurde, mit denen sich im literarischen Werk nach Beliebigen manipulieren ließ. Doch die Kritik erweckt in dieser Zeit den Anschein, dass bisweilen die ästhetischen Werte eines literarischen Werken nicht so sehr von Relevanz bestimmt werden, sondern von ihrem außerliterarischen Kontext, wie etwa die nationale Mythologie. Alsbald werden ihre Bemühungen sichtbar in den Kulturzeitschriften Gedanken zur Überwindung der krisenhaften Situation in der Literatur vorzubringen und die Kulturpolitik an ihre Integrationsaufgabe zu erinnern. Diese Aussöhnungsstrategien wurden schließlich durch den Wandel in der Kulturpolitik im Herbst 1989 nach der Bildung einer nationalliberal-katholischen Koalitionsregierung entscheidend beeinflusst. Die Abschaffung der staatlichen Subventionen, die Vergesellschaftung von Verlagen und Zeitschriften, die Gründung von Kulturfonds usw. waren sichtbare Zeichen von eingetretenen Veränderungen.

Es nimmt kaum Wunder, dass die politische Wende ein Paradigmawechsel der Literaturszene bewirkte, da ja die Schriftsteller nun befreit wurden, gegen den Staat zu opponieren. Das bedeutete aber auch, dass das „große" Thema den Schriftstellern abhanden gekommen ist und gerade für die ältere Schriftstellergeneration erwies sich das als ein grundlegendes Problem, denn die geübte Fähigkeit „geschichtsallegorisch" schreiben zu müssen, war nicht mehr notwendig, so dass der spezifische Stil der Dichter unterzugehen drohte. Neue Themen und neue dichterische Sprache mussten gefunden werden, um der Literatur den gebührenden Rang einzuräumen. Das betraf nicht die distanzierte Sprache der Wisława Szymborska, die 1996 den Literaturnobelpreis erhielt. Ihre Reflexionslyrik dominiert die Ironie, die es ermöglicht Komik mit dem Tragischen und Pathos mit der Alltäglichkeit zu verbinden. Statt moralisieren, überrascht sie mit witzigen Hinweisen und scherzhaften, hintergründigen Bemerkungen, was bisweilen aphoristische Züge trägt, aber stets den Geschmack des Rezipienten trifft, wie:

> Oboje są przekonani,
> że połączyło ich uczucie nagłe.
> Piękna jest taka pewność
> ale niepewność piękniejsza...

> (Beide sind überzeugt, dass sie durch ein plötzliches Gefühl verbunden sind. Schön ist eine solche Gewissheit, doch die Ungewissheit ist schöner.)

Ihre „nackte Wahrheit", die „die irdische Garderobe durchstöbert" ist ein Programm, das zugleich Bescheidenes und Anspruchsvolles bürgt. Sie selbst weist in ihrer Dankesrede bei der Verleihung des Goethepreises 1991 auf die relevanten Merkmale ihrer Schaffens hin, da es ihr wichtig erscheint, dass ihre „Poesie die Materie der Welt nie gering schätzt, dass sie großen Wert auf die Beschreibung einer konkreten Situation legt, dass sie ein Herz hat für das Detail und den flüchtigen Augenblick".

Dennoch überrascht, dass in der Gegenwartsprosa Frauen dominieren, die ihr literarisches Können unter Beweis stellen und für neue Denkweise sorgen. Manuela Gretkowskas Debüt *Wir Emigranten von heute* (My z dziś emigranty, 1992) war eine Sensation und auch ihr zweites Buch *Metaphysisches Kabarett* (Kabaret metafizyczny, 1994) mit der Geschichte einer Stripperin versetzte das katholische Land in Empörung und besiegelt ihren Ruf als „Skandalistin".

Durch ihren originellen Erzählstil fiel die 1993 debütierte Olga Tokarczuk auf, die sich vor allem in *Taghaus, Nachthaus* (Dom dzienny, dom nocny, 1998) und in dem Erzählband *Der Schrank* (Szafa, 1997) um die literarisch tabuisierten Westgebiete Polens bemüht und die Auseinandersetzung mit der Geschichte, der Landschaft, Tradition und Kultur sucht. In ihrer spezifischen Sprache und Logik des Traumes kreiert sie reale und fiktive Figuren mit ihren Gewohnheiten, Riten und Lebensstil, die skizzenhaft gezeichnet werden in einer Welt, wo Makro- und Mikrokosmos ineinander übergehen und die Details ihrer Existenz sich noch während der Beschreibung verwischen. In einem der „komplexesten Texte der polnischen Narrativistk nach 1989" *Ur- und andere Zeiten* (Prawiek i inne czasy, 1996) werden Zeit und Raum zum Gegenstand literarischer Reflexion, die aufgrund von „Reintegration verschiedener Arten von Epistemen" zu einer eigenartigen ästhetischen Erkenntnis führt. Kompendiös aber nicht minder originell ist ihr Roman *Unrast*, in dem sich die Wahrnehmung der Unrast von heute in den kleinen „Geheimnissen" des Alltags offenbart.

Olga Tokarczuks Betrachtungsweise der deutschen Vergangenheit der heute polnischen Gebiete schließt sich an Paweł Huelles eindrucksvolle Erzählung über einen jüdischen Jungen aus Danzig *Weiser Dawidek* (1987), der in seine Biographie versucht das Nichtbenannte und Tabuisierte deutsche Kulturerbe seiner Heimatstadt zu integrieren. In Danzig spielt auch Huelles heiteres Meisterstück, der Roman *Mercedes-Benz* (2001), eine Hommage an den tschechischen Schriftstellerkollegen Bohumil Hrabal. In schelmenhaften Erzählton gehalten, flechtet er in dieses Werk gewissermaßen als Kontrast die dunklen Kapitel und Ereignisse der polnischen Zeitgeschichte ein und macht die enttäuschten Hoffnungen von 1989 im nachkommunistischen Polen der 1990-er Jahre sichtbar, was schließlich ein emphatisch-melancholisches Ende findet.

Ebenso mit der Stadt Danzig ist die Prosa von dem Andreas-Gryphius-Preisträger Stanisław Chwin (*1949) verbunden. In seinem Roman *Hanemann* (1995) beschreibt er meisterhaft die Urbanität der Jahre vor und nach dem Zweiten Weltkrieg — eine Zeit, in der auch der deutsche Anatomieprofessor Hanemann wirkt. Als Hanemann auf dem Seziertisch seine Verlobte erblickt, verfällt er in Lethargie, die ihn selbst den Kriegsgeschehnissen gegenüber gleichgültig macht. Fasziniert vom leitmotivisch vorkommenden Suizid Heinrich Kleists entscheidet sich Hanemann letztlich für das Leben und für die Flucht aus der nun polnischen Stadt. Seine Begleiter auf dieser Flucht sind die ‚Ukrainerin' Hanka, die er vom Freitod rettete und der stumme „Wolfsjunge", dem er die Gebärdensprache beibrachte.

Auch Marek Krajewski erzählt in seinem Bücherzyklus *Tod in Breslau* (Smierć w Breslau, 1999), *Das Ende der Welt in Breslau* (Koniec świata w Breslau, 2003) und *Gespenster in der Stadt Breslau* (Widma w mieście Breslau, 2005) von einer Welt, die über viele Jahre hindurch offiziell nicht existierte, obwohl man in Breslau auf Schritt und Tritt mit der deutschen Vergangenheit konfrontiert ist. Mit Fertigkeit bedient er sich des historischen Kolorits und ist dermaßen auf die Details bedacht, dass man anhand seiner Beschreibungen leicht die Spuren des deutschen Breslaus erkennen kann. Krajewskis Kriminalromane, deren Hauptfigur der Kriminalbeamte Eberhard Mock ist, eigenen sich hervorragend als Drehbücher, weil sie ähnlich konzipiert wurden.

In Schlesien spielen noch zwei Erzählungen: *Finis Silesiae* (2004) von Henryk Waniek und *Jauche* (Gnój, 2004) von Wojciech Kuczok. Während Waniek das „magische Land" Schlesien aus der beobachtenden Perspektive des manischen Photographen Paul mit dem Einmarsch der Roten Armee in Beuthen 1945 untergehen lässt, schildert Kuczok in der preisgekrönten „Antibiographie" die Zeit der vorpubertären Kindheit in einer patriarchalisch geprägten Familie, die unter den mitunter grausamen erzieherischen Maßnahmen des Alten leidet. Doch diese „alte" Welt des Vaters ist zum Scheitern verurteilt. Der Despot versinkt samt seinem Haus buchstäblich in der Jauche. Die dialektisch gefärbten Passagen des Buches vermitteln dem sprachkundigen Leser ein besonderes Lesevergnügen.

Der „Ostrand" Polens erfreut sich zunehmend literarischer Beachtung. Die Vorgebirgslandschaft, die Beskiden, hinter *Dukla*

(2005), Ort und Gegenstand einer langen Erzählung von Andrzej Stasiuk hat an sich nichts Aufsehenerregendes nur Friedhöfe, Soldatenfriedhöfe aus dem Ersten Weltkrieg mit slavischen, ungarischen und deutschen Namen zeugen davon, dass in der wilden Gegend fernab von der Zivilisation schon etwas geschehen war, was die Vergänglichkeit zu einer Art von anderen Wirklichkeit werden lässt, die sich quasi hinter der Realität verbirgt. Die jenseitige Bezogenheit des Buches *Dukla* gereicht zu einer eigenartigen „Metaphysik", in der das Nichts der Dukla das alles verbirgt, was in der Welt überhaupt zu erfahren ist. Trotz des in Dukla beschworenen nihilistisch anmutigen Strebens und trotz der „Feststellung, dass die Welt nur eine vorübergehende Störung ist im freien Fluss des Lichts" genießt Stasiuk vor allem bei den jüngeren Lesern fast kultische Verehrung, vielleicht weil er mit *Dukla* eine kollektive polnische Biographie schuf.

In seinem Bestseller, den Reiseskizzen *Dojczland* (2007) beschreibt Stasiuk nicht ohne Vorurteile und Klischees zu nutzen das „Land der Form", die Bundesrepublik wie folgt: „Deutschland am Morgen ist ein langsames, ruhiges Ritual, das die Welt vor Katastrophe, vor dem Entgleiten, vor der Vernichtung bewahrt." Mit besonderem Sinn fürs Groteske und Ironie entwirft Stasiuk ein vielschichtiges Doppelbild der Deutschen und der Polen.

Den Vielvölkerlandstrich an der polnischen Ostgrenze betrachtet Tamara Boldak-Janowska ganz intensiv, wobei sie dokumentarische Fakten mit literarischer Fiktion vermischt. Dieser Stilmittel bedient sich auch Magdalena Tuli, die in ihrem Erstlingswerk *Träume und Steine* (Sny i kamienie, 1995) die Geschichte einer imaginären Stadt erzählt.

Hanna Krall benutzt in ihren Erzählungen *Hypnose* (Hipnoza, 2002) die Recherche als literarische Form der Darbietung, wobei sie die entstandenen Lücken bewusst nicht fiktiv schließt, sondern sie offen lässt. Sie konstruiert in einer Art von Montagetechnik aus Fragmenten und Spuren verschiedener Zeiten und Orte eine Dimension des Erinnerungsraumes, in dem ein Zusammenhang von Vergangenheit und Gegenwart erst entstehen kann.

Für Izabela Filipiak, der Repräsentantin des Feminismus in Polen, erscheint der „Rand" von besonderem Interesse, weil sich gerade an der Grenze „aktive Spannungen" aufrechterhalten lassen. Die Protagonistinnen ihrer Erzählungen begegnen den Alltag mit Neugier, sind durchsetzungsfähig und selbstbewusst. Gleichzeitig schweben sie in einer Welt voller Assoziationen von romantischer Märchenhaftigkeit bis zu den phantastischen Mythen.

Ähnlich hat Natascha Goerke ihre Ziele angesiedelt: der „Rand" erscheint bei ihr als Grenze des Bekannten und Gewohnten. Ihre surreal wirkende Kurzprosa, von ihr selbst „Fractale" genannt, wie die *Sibirische Palme* (1999) enthält viel Humor bei Verzicht auf große Handlung. Goerke bevorzugt die Groteske und den Witz und bedient sich einer kontaminierten Sprache, wo sich Umgangs- und intellektuelle Sprache sowie vulgärer Jargon vermischen. Das brachte ihr den Vorwurf eine modische „Dekonstruktivistin" zu sein. Natasza Goerke wie auch Izabela Filipiak sind Exil-Polinnen und stehen für ein wichtiges Merkmal der Nachwendezeit ein: die polnische Exilliteratur mit ihrer Tradition wurde „salonfähig" und die „großen Abwesenden", wie Henryk Grynberg, Czesław Miłosz oder Gustaw Herling-Grudziński konnten offiziell veröffentlicht und so konnte die „Kluft" der polnischen Literaturen nivelliert werden.

Innerhalb von nur einigen wenigen Jahren erwarben sich junge Autorinnen, aber auch ihre Kollegen ein großes Renommee, so vor allem Jacek Podsiadło, Marcin Świetlicki, Zyta Rudzka und nicht zuletzt Dorota Masłowska, die mit ihrem großartigen Debütroman *Schneeweiß und Russenrot* (Wojna polsko-ruska pod flagą biało-czerwoną, 2002) ein Porträt eines Außenseiters entwirft und das Leiden des brutalen Andrzej, den man den „Starken" nennt, im vulgären Monolog beschreibt. Das Verlassensein kompensiert der Held mit Groll gegen die Russen vor Ort, jene „russische Diebe", die den „rasseechten" Polen beim Zigarettenschmuggel Konkurrenz machen. Doch eigentlich sehnt er sich nach seiner Magda, nach jemanden, der ihm Grenzen setzt.

Die literarische Arbeit an der politischen Wirklichkeit im Lande kontinuiert Masłowska in *Der Pfau/Furz der Königin* (Paw Królowej, 2005), in dem der sich anbahnende Prozess der Akzentverschiebung von Plot auf die Sprache erfolgt. Sie zeigt wie die „Macher" der Medienwelt, des Marketings und Showbusiness die Realität definieren und wie das System funktioniert. Die mit Hilfe der Sprache errichtete Scheinwelt herrscht über alle Konsumenten, die ihre Sprache „verkauft" haben. Masłowska kritisiert die Popkultur, gehört aber selbst dazu. Aus einer resignierenden Haltung hebt sie die Unterschiede zwischen der Hohen- und der Massenkultur, der realen und der Scheinwelt mittels ihres virtuosen Sprachspiels, das ästhetische Qualitäten aufweist.

Im gegenwärtigen Polen hat der Markt bereits seine Dominanz entfaltet, wobei sich allerdings die Chancen für Autoren im verbreiteten Spektrum des dezentralisierten literarischen Leben eher verbessert haben, unterliegen sie doch keinem allgemeingültigen ästhetischen Kanon.

Daher konnte auch ein solches, in der Kritik umstrittenes Buch *Die Ratte* (Szczur, 1995), zum Bestseller werden. Der Autor Andrzej Zaniewski schildert in der in über 30 Sprachen übersetzten „poetischen Prosa" anthropomorph aus der Ich-Erzählperspektive das ganze Leben eines an sich intelligentes Wesens, einer Ratte, samt ihrer engsten Gefahren und Bedrohungen, die vor allem von dem grausamsten aller Wesen — dem Menschen — ausgehen.

Die Debütanten sind in der Regel selbstbewusster geworden, nicht zuletzt dank dem Fehlen einer allgemein akzeptierten literarischen Kritik. Es ist daher nicht verwunderlich, dass die Lyriker ein ortsgebundenes „Nischendasein" bevorzugen, ohne gegenseitiges Interesse zu bekunden.

Die jährliche Produktion von ca. 800 Lyrikbänden zeugt nicht nur davon, dass in Polen der Gegenwart massenhaft Lyrik produziert wird, sondern auch, dass es nie an Rezipienten mangelt, sich an die verdichtete Sprache heran zu wagen. Diese Erscheinung ist ein Phänomen der literarischen Identitätssuche in der Geistesgeschichte des heutigen Polen.

Die von Zeit zu Zeit aufkommende These vom ästhetischen und ethischen Nihilismus der Lyrik nach 1989 erweist sich als nicht stichhaltig, obgleich ihre Öffnung auf das alles, was früher marginalisiert, geringgeschätzt oder zurückgedrängt oder gar als unwürdig angesehen wurde, literarisch zu thematisieren, es suggerieren könnte. Ebenso scheint die Sorge über die fortschreitende „Vulgarisierung" der polnischen Literatursprache unbegründet zu sein.

Die Thematik der Lyrik ist vielfältiger geworden. Neben den traditionellen Sujets: Liebe, Tod, Identitätssuche usw. treten andere hervor, die eine Art von „Entmythologisierung" bewirken, wie etwa die Ritualisierung des Alltags, aus der dann Kraft geschöpft wird. Beispielhaft demonstriert es Tomasz Różycki in dem Gedicht *Wiederholungen* (Repetycje, 1999):

> W powtarzaniu potęga, w powtarzaniu stałość
> Kawa z mlekiem i wino, do wina migdały;

powtarzane po stokroć słowo będzie ciałem
w niebieskawej pościeli, pod skudloną trawą

Jedzenie od Chińczyków, pieniądze od Żydów,
tysiąckrotna pielgrzymka nad żeliwną Odrę —
żyję i mam wątpliwość, czy za czarnym oknem
jutro powtórzy się dokładnie to, co było...

(Im Wiederholen liegt Kraft, im Wiederholen liegt Beständigkeit.
Milchkaffee und Wein, zum Wein Mandeln. Im himmlischen Bettzeug hundertmal wiederholt das Wort wird Fleisch werden unter
dem zerzausten Gras. Das Essen von Chinesen, Geld von den Juden.
tausendfache Pilgerfahrt an die gusseiserne Oder. Ich lebe und
zweifle, ob sich morgen hinter dem dunklen Fenster genau das wiederholt, was gewesen war).

Die angestrebte neue Idiomatik bedeutet keinesfalls den Bruch mit
der Tradition, sie vermittelt auch nicht die Unabhängigkeit von den
Marktgesetzen. Die Verleihung von Preisen steigern nicht nur die
Auflagezahlen, sondern tragen auch zur Popularität der Dichter
bei, die oft danach ihr „Nischendasein" verlassen.

Das traditionelle Posener Dichterfestival, das sich großer Beliebtheit erfreut, zeugt von der ungewöhnlichen Resonanz der Lyrik und ist zudem ein Beweis dafür, dass die Tür zum Paradigma
der Dichtung des 21. Jh. bereits aufgebrochen wurde. Dazu hat sicherlich der Lyrikband *Stein, Reif* (Kamień, szron, 2004) von
Ryszard Krynicki, dem Übersetzter der Dichtung von Paul Celan
beigetragen, denn seine Annäherung an die Stille ist gleichzeitig
ein Versuch sich an die letzten Dinge des Daseins heranzutasten.

Szron
Szary szron szeptu, skamielina rozpaczy. Kto dosłyszy
cichnący psalm ziemi, nieme nawoływanie się
planet, pożegnanie galaktyk. Czarne słońca
zapadają się w siebie
w nieludzkim
milczeniu

(Grauer Reif des Geflüsters, Versteinerung der Verzweiflung. Wer
vernimmt den still werdenden Psalm der Erde, die stummen Zurufe
der Planeten, den Abschied der Galaxien. Im unmenschlichen
Schweigen stürzen schwarze Sonnen in sich zusammen.)

Zum Schluss soll nicht unerwähnt bleiben, dass einige polnische
Autoren dem Vorbild ihres berühmten Landsmannes Joseph Con-

rad (Józef Konrad Korzeniowski) folgten und ihre Werke in der Sprache ihres jeweiligen Gastlandes verfassten, wie z.B. der bis zu seinem Tod in New York lebende, englisch schreibende Jerzy Kosiński, der durch seine Romane *The Painted Bird* (1962) und *Steps* (1968) international bekannt wurde und in den Vereinigten Staaten mehrere Preise erhielt. Und last but not least: der in Wien lebende und deutsch schreibende Radek Knapp, dessen Erzählung *Herrn Kukas Empfehlungen* (2001) in den Feuilletons der Bundesrepublik Deutschland große Beachtung gefunden hat.

LITERATURHINWEISE

Die hier getroffene Auswahl konzentriert sich auf deutschsprachige Gesamtdarstellungen zur polnischen Literaturgeschichte.

A. Brückner: Geschichte der polnischen Literatur. Leipzig 1901.
J. Kleiner: Die polnische Literatur. Wildpark-Potsdam 1929.
K. Krejči: Geschichte der polnischen Literatur (Dejiny Polské Literatury). Halle 1958.
M. Kridl: A Survey of Polish Literature and Culture (Literatura na tle rozwoju kultury). New York 1956.
D. Langer: Grundzüge der polnischen Literaturgeschichte. Darmstadt 1975.
S. Marcel: Histoire de la littérature polonaise. Paris 1957.
Cz. Miłosz: Geschichte der polnischen Literatur (The History of Polish Literature). Köln 1969.
H. Nitschmann: Geschichte der polnischen Literatur. Leipzig 1882.
W. Walecki: Polnische Literatur. Annäherungen. Eine illustrierte Literaturgeschichte in Epochen. Krakau – Oldenburg 1999. (Übersetzung aus dem Polnischen).

AUTORENREGISTER

Andrzejewski, J. 151, 153
Asnyk, A. 111–2

Baczyński, K.K. 149
Baryka, P. 58–9
Berent, W. 127
Białoszewski, M. 153, 157
Bielski, M. 26, 73
Bieńkowski, Z. 157
Biernat z Lublina 34
Bliziński, J. 116
Bogusławski, W. 76, 77, 144
Bohomolec, F. 64, 75, 77
Bołdak-Janowska, T. 165
Borowski, T. 150
Brandstaetter, R. 153
Brandys, K. 150, 153, 156
Bratny, R. 153
Breza, T. 149, 156
Broniewski, W. 137–138
Broszkiewicz, J. 153, 155
Bryll, E. 155

Chwin, St. 164
Chwistek, L. 134
Ciekliński, P. 37
Czajkowski, M. 82, 96
Czernik, St. 134
Czyżewski, T. 139

Dantyszek, J. 27
Dąbrowska, M. 143, 148
Dembowski, A. 57
Długosz, J. 18–19, 26–27, 73, 105

Dobrowolski, St. R. 140
Drozdowski, B. 153, 155
Dygasiński, A. 115
Dygat, St. 156

Feliński, A. 76
Filipiak, I. 165–166
Fredro, A. 96–99, 116

Gajcy, T. 149
Gall-Anonymus 17, 73
Gałczyński, K.I. 140, 155
Goerke, N. 166
Gołubiew, A. 151
Gombrowicz, W. 142, 158
Goszczyński, S. 80–82, 98
Górnicki, Ł. 28, 37
Gretkowska, M. 163
Grochowiak, St. 153, 157
Grotowski, J. 155

Harasymowicz, J. 153, 157
Heidenstein, R. 27
Herbert, Z. 153, 157
Herling-Grudziński, G. 166
Hertz, P. 153
Hłasko, M. 154, 156
Huelle, P. 163
Hulewicz, J. 125
Hussovianus, N. 20

Iłłakowicz, K. 128
Iwaszkiewicz, J. 128, 140, 145

Janicius, K. 20–21

Jankowski, J. 125
Jasieński, B. 130
Jastrun, M. 129, 140
Jurkowski, J. 28, 31

Kabac, E. 145
Kaczkowski, Z. 87
Kaden-Bandrowski, J. 131
Kadłubek, W. 12, 59, 64
Karpiński, F.62–63, 68
Kasprowicz, J. 114–116
Kawalec, J. 147
Kitowicz, J. 38
Klonowic, S. 27
Knapa, G. (Cnapius, Knapski) 53
Knapp, R. 160
Kniaźnin, F.D. 62
Kochanowski, J. 23–30, 39, 41, 43, 46, 48
Kochowski, W. 40, 41, 43, 53
Kołakowski, L. 149
Kołłątaj, H. 55
Konarski, St. 39, 51, 53
Konopnicka, M. 101–105
Konwicki, T. 142, 144
Kopczyński, O. 53
Korzeniowski, J.K. s. Conrad, J. 87, 89, 107, 159
Kosiński, J. 160
Krajewski, M. 155
Krall, K. 156
Krasicki, J. 58–60, 68
Krasiński, Z. 70, 78, 80–83,
Kraszewski, J.I. 85–87, 133
Kromer, M. 19–20
Kruczkowski, L. 134, 141
Krupiński, F. 92
Krynicki, R. 159
Kuczok, W. 155

Kurek, J. 130
Kuźniewicz, A. 147

Lec, St. J. 147
Lechón, J. s. Serafimowicz, L. 163
Lem, St. 147
Leśmian, B. 116
Lorentowicz, J. 119
Lubomirski, S.H. 40, 50
Łoziński, J. 152

Mach, W. 147
Madejko, W. 147
Malczewski, A. 71, 72
Malewska, H. 133
Maskiewicz, S. 20
Masłowska, D. 157
Mickiewicz, A. 70f, 73–98, 120, 121, 127
Miłosz, Cz. 131, 148, 149, 157, 161
Miriam s. Przesmycki, L.
Modrzewski, A.F. 17
Morcinek, G. 132
Morstin, L.H. 137
Morsztyn, J. A. 40–41
Mrożek, S. 146, 148
Myśliwski, W. 151

Nałkowska, Z. 132–33, 140–141
Naruszewicz, A.St. 55, 57, 68
Newerly, I. 142
Niemcewicz, J.U. 64, 66, 105
Niemojski, St. 20
Norwid, C.K. 78, 83–85
Nowak, T. 148
Nowakowski, M. 147

Opaliński, K. 47–49
Opaliński, Ł. 48
Orkan, W. 119
Orzechowski, St. 18
Orzeszkowa, E. 94, 97–99, 101, 108
Ostroróg, J. 11
Ożóg, J.B. 147

Parandowski, J. 144
Parnicki, T. 144
Pasek, J.Ch. 37, 95
Pawlikowska-Jasnorzewska, M. 128
Peiper, T. 125
Potocki, W. 40–44
Prus, B. (Głowacki, A.) 93–100, 103, 106
Przesmycki, L. (Miriam) 84, 110
Przyboś, J. 130, 140
Przybyszewski, St. 124, 125

Radziwiłł, U. 52, 67
Rej, M. 21–24, 33, 41, 126
Reymont, W. St. 118–119
Rittner, T. 120
Rolicz-Lieder, W. 113, 116
Rostworowski, K.H. 122
Rozwadowski, J. 123
Różewicz, T. 141, 146, 148
Różycki, T. 158
Rudnicki, L. 141-2
Rudzka, Z. 157
Rydel, L. 121, 123
Rymkiewicz, A. 131
Rymkiewicz, J.M. 148
Rysiński, A. 47
Rzewuski, W. 52

Sarbiewski, M.K. (Sarbevius) 42
Schulz, B. 132, 133
Schulz, F. 56
Schulz, J.D. 37
Serafimowicz, L. s. Lechoń, J.
Sienkiewicz, H. 93–96, 98–103, 106
Sito, J.S. 147
Skarga, P. 18
Słonimski, A. 126
Słowacki, J. 70, 78–81, 91, 120 127
Staff, L. 115, 127
Stasiuk, A. 155–156
Staszic, St. 55
Statorius, P. (Stojeński) 33
Stern, A. 125
Stroiński, Z. 140
Stryjkowski, M. 20
Sygietyński, A. 105
Szaniawski, J. 136
Szarzyński, M. Sęp. 39–40
Szymborska, W. 153
Szymonowic, Sz. (Simonides) 34
Ścibor-Rylski, A. 151

Terlecki, W.L. 151
Tetmajer, K. Przerwa 112–113, 116
Trembecki, St. 60–61
Tuwim, J. 126
Twardowski, K. 40, 44
Twardowski, S. 45–47
Tyrmand, L. 145

Waniek, H. 155
Wat, A. 125
Ważyk, A. 130, 140, 143

Wierzyński, K. 127
Wiktor, J. 134
Winowar, B. 137
Witkiewicz, St. I (Witkacy) 136
Wojciechowski, P. 147
Woronicz, J.P. 64–65
Woroszylski, W. 144
Wybicki, J. 63
Wyspiański, St. 120–122, 146

Zabłocki, F. 66, 88
Zagajewski, A. 150
Zaleski, J.B. 71, 72
Zaniewski, A. 158
Zapolska, G. 106–108
Zegadłowicz, E. 125
Żeleński, T. Boy 119
Żeromski, St. 117–118, 138
Żukrowski, W. 147